JN101759

世界を読み解く
一冊の本

空海

三教指帰（さんごうしいき）

桓武天皇への必死の諫言（かんげん）

藤井淳

慶應義塾大学出版会

「世界を読み解く一冊の本」

空海『三教指帰』

桓武天皇への必死の諫言

目　次

プロローグ——憤懣（ふんまん）の書

『三教指帰』の疑問

一般に『聾瞽指帰』（『三教指帰』）は「空海の出家宣言書」とされている。『三教指帰』は空海が二十四歳で著した『聾瞽指帰』の一部を四十歳を過ぎてから改訂したものである。空海は『聾瞽指帰』で儒教、道教、仏教の三教を比較し、その中で仏教が最上であることを親族に説得し、仏道へ出家することを宣言した。これが従来の見解であった。

『聾瞽指帰』が「出家宣言書」と見なされてきたのは次のような理由が考えられる。前近代において、空海は仏教の宗派である真言宗の開祖として顕彰されてきた。いうまでもなく真言宗は出家した僧侶からなる教団である。その宗祖としての空海は『聾瞽指帰』を著し、決然として僧侶となることを宣言した、というのが教団にとって求められる姿であった。

一方、近代に入ってからは、超人として伝説化されていた空海像から離れ、信頼できる資料に基づいて、可能な限り人間としての空海の姿を見出そうとしてきた。そこで重視されたのは、やはり空海にとって人生の重要な転換点としての出家であった。特に『聾瞽指帰』の改訂版である『三教指帰』に付された序文の記述が信頼できる空海の自伝として注目された。序文には空海の母方の叔父である阿刀大足の名前が出る。文章博士という官僚養成機関における要職にあった阿刀大足は伊予親王の侍講もつとめていた。このことから近代において空海の伝記を考える上では、阿刀大足と伊予親王という二人の実在の人物と空海の関係に視点が集中した。私も当初このような近代における空海理解に影響を受けていた。

以上のような前近代・近代の二つの見方を踏まえた上で、私は新しい見方を提示したい。空海は

『聾瞽指帰』で三教を比較し、仏教が優越することを論じるという表向きの舞台設定を借りながらも、その深層では自己が属する古代氏族・佐伯氏としての忠と孝の新たなあり方を示そうとした。空海が『聾瞽指帰』の読者としてまず想定していたのは、父方の親族であった佐伯氏が中心だったはずである。空海は『聾瞽指帰』全編を佐伯氏の立場から〈忠と孝〉——天皇に対する臣下としての忠誠と祖先からの栄誉を継承する孝——の問題を論じる。空海の出身である佐伯氏は当時どのような状況にあったのだろうか。

空海が『聾瞽指帰』を著した八世紀後半は古代氏族がその性質を大きく変えることを余儀なくされた時期である。この時代、多くの古代氏族はそれぞれ自己の存在を再定義する必要が求められた。それまで天皇（大王）家を中心とした、諸氏族からなる軍事連合体は、次第に軍事的性格を弱めていった。定められた法（律令）に基づいて、天皇に仕える貴族と官僚によって統治されるようになっていったのである（律令制度という）。古代より続く氏族の中にはこの変化についていけず没落したり、あるいは自己の一族の役割を変化させざるを得なくなったりしていった。佐伯氏は大伴氏の同族であり、『日本書紀』によると神武天皇以来、天皇に忠をもって仕えてきた最古の軍事氏族である。しかし律令制度が浸透していくと、氏族としての軍事力が次第に重視されなくなっていった。藤原氏が次第に台頭していく中でこの両氏は幾多の政争に敗れ、没落していった。このような時代背景に照らし合わせて『聾瞽指帰』を理解する必要がある。

『聾瞽指帰』の冒頭を見てみよう（図０－１）。『聾瞽指帰』は四六騈儷体という文体で著されている。騈儷とは二頭の馬が並ぶことである。四六騈儷体では中国の古典を巧みに用いつつ、四字・六字

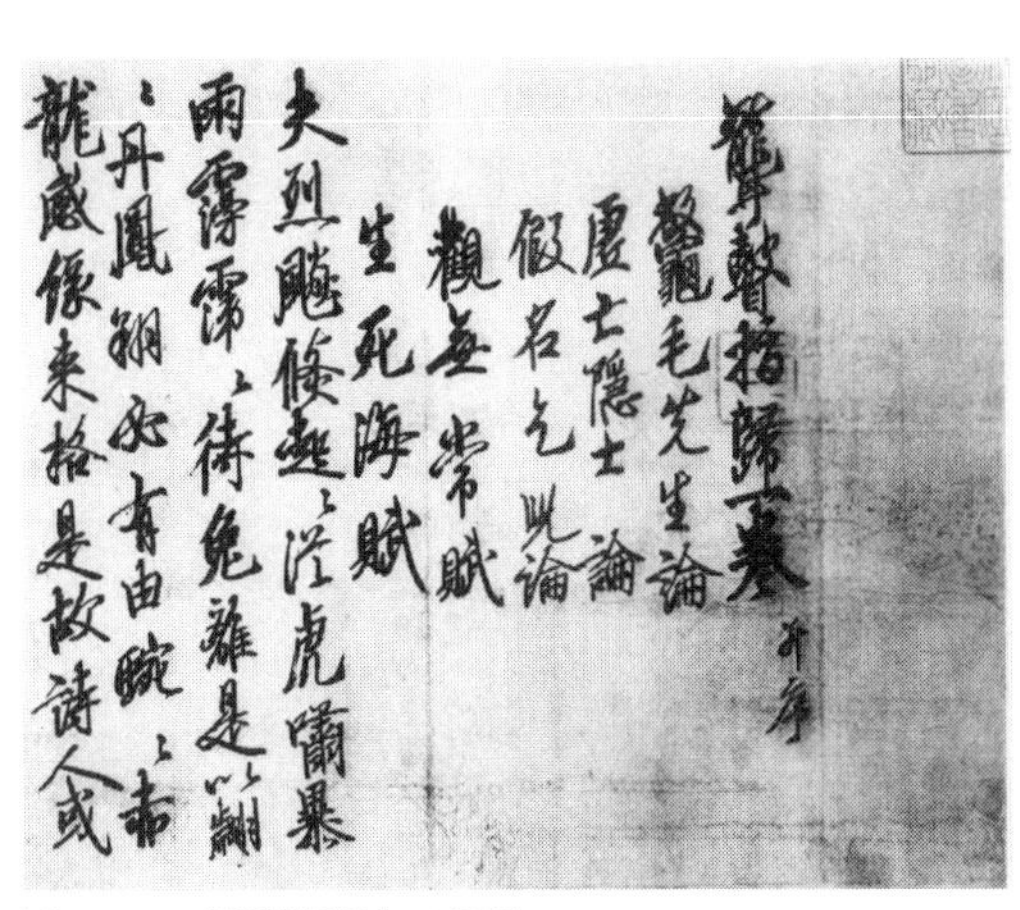

図0－1　『聾瞽指帰』の冒頭

で対句を作ることが美しいとされる。『聾瞽指帰』の冒頭は極めて暗示的であって今まで明快な解説はなされていない。だが、時代背景をふまえると、そこには空海の強烈な氏族意識が現れてくる。

烈飈倏起、々従虎嘯

激しい風がにわかに巻き起こるのは虎の咆哮によってである。

暴雨霶霈、々待兎離

月（兎）が天空のある場所にかかると雨が激しくふることになる。

この対句は前半では風（飈）について、後半では雨についてうたっている。中国では虎が風を、龍が雲そして雨を引き起こすと考えられていた。後半は月が〈畢〉という天空のある位置を離れたときに雨がふるという故事に基づいている。兎は月のたとえである。この故事は、「武人東征」という句が見られる『詩経』の詩をもとにする。この句は神武天皇が異民族を征伐して大和に入った神武東征およびヤマトタケルの東征を思い起こさせる。この東征に従ったのが空海の祖先である。「霶霈」という表現は通常は皇帝つまり天皇の恩沢が広まっていることをいう。しかしこの対句に見られる「烈飈」という激しい風や「暴雨」という表現からはどこか不吉な印象を受ける。また「飈」という字は分解すると炎風となり、炎風は東北から吹くとされた。当時、東北地方では桓武天皇によって蝦夷征討が行われ、不穏な状況にあった。冒頭にはこのような時代状況が暗示されているように見える。

是以翽翽丹鳳、翔必有由　　そこで赤い鳳凰が自由に飛び上がるのには必ず理由がある。
蜿蜿赤龍、感縁来格　　赤い龍は時宜にしたがってやってくる。

後半の句に出る龍は中国では皇帝、日本では天皇を象徴する。また龍は雨をふらすもので前の対句から連続している。前半の鳳凰を形容する「翽翽」という語は『詩経』という中国古代の詩集を踏まえた表現である。空海の時代には『詩経』の詩は儒教の解釈に基づいて理解されていた。それによると「翽翽」の句が用いられる詩では「君主が賢人を求めること」がうたわれていると解釈されていた。つまりこの一節では天皇と有能な仕官候補者が詠まれているといえる。『聾瞽指帰』のテーマの一つは親族が空海に仕官につくよう促すこととそれに対する空海の拒絶である。そのため、空海はここで『詩経』の「翽翽」という字句を儒教的理解を踏まえて用いている。

これらの二つの対句には空海の氏族意識が見られると私は理解する。以上に見たいずれの対句にも登場する雨を引き起こす龍と赤龍は天皇を表す。それに対応して虎と丹鳳が登場している。このうち丹鳳は中国古代の神獣・朱雀と同じ意味である。日本古代の宮城で最も重要な正面の門を朱雀門といった（本書65頁、図1－10）。この朱雀門を警護するのは代々、大伴氏の役割であった。佐伯氏は大伴氏から分かれ、兄弟のような氏族であると空海は理解している（『性霊集』巻二）。ここでは「赤龍」「丹鳳」と赤色の動物が登場している。赤色は当時の人々には壬申の乱で天武天皇方についた大伴氏らがつけた赤色の旗印を明らかに思い起こさせた。天武天皇と大伴氏が桓武天皇にもたらした影響は後に述べていく。

さらに空海は『聾瞽指帰』で自分の持つ武器を「虎豹の鉞」としている。虎豹は勇猛さを象徴し、猛虎は蝦夷を象徴する表現でもあった（『性霊集』巻一、本書181頁、図3－5）。空海の出身の佐伯氏はこの蝦夷と関わりが深い。第一の対句は蝦夷そして佐伯氏を虎にかけている。つまりこの二つの対句には空海の出身である佐伯氏、そして祖先である大伴氏が天皇と対句で現れていると見ることができる。なぜこの大伴・佐伯両氏は天皇と対句で表現されなければならなかったのか。本書ではこの関係を見ていきたい。

「諷諫」の書

「諷諫」という言葉がある。忠をもって主君を誡める際に、直接にではなく遠回しに諫言することを「諷諫」という。諫言は主君にとって「良薬は口に苦い」ものであって、諫言をする忠臣は主君より煙たがられ、遠ざけられるか、場合によっては死をたまわることさえあった。

日本でも臣下が諫言を行うことは忠臣の理想とされていた。七六〇年に成立した『藤氏家伝』には、藤原武智麻呂（藤原南家）が主君である天皇に対して諫言を行ったことが記されている。また詩文に諷刺を込めた例としては、空海の没年（八三五年）より少し後のことであるが、八三八（承和五）年に平安時代の文人、小野篁が「西謡道」という詩を作り遣唐使を諷刺したことが嵯峨上皇の逆鱗に触れたという。「西道謡」は現在残っていないが、当時の政治的な問題を暗に諷刺したものであったようである。小野篁が詩の裏に込めた諷刺を嵯峨上皇は理解し激怒したのである。また空海が友人に向けて諫言の危険性を注意した書簡が残されている（『高野雑筆集』巻下）。さらに近年、空海の詩「秋日観神泉苑」には諫言の意味が込められているという説が提出された（南昌宏［二〇一九］）。こういった政治的・文化的な背景から空海が『聾瞽指帰』に主君に対する諷諫を込めた可能性は十分に考えられよう。

数多くの古代氏族の中で佐伯氏は大伴氏を本流とし、もっとも古くより天皇に忠をもって仕えてきたという伝承を持つ。佐伯氏につらなる空海にとって、主君が無道の政治を行っているのを押し黙って見逃すことは不忠である。当時の天皇は稀代の専制君主・桓武天皇であった。とはいえ、直接に諫めるのは危険である。そこで空海は「諷諫」を用いたと私は考える。さらに言葉に二重の意味を込める言語観を空海は大伴・佐伯氏の伝承の中で知悉していた。『聾瞽指帰』を理解するには表面の意味の他に、隠された裏の意味を探る必要がある。

「憤懣」の書は誰に向けられたのか？——国宝の紙

前述のとおり空海は四十歳を過ぎてから『聾瞽指帰』を『三教指帰』として改訂した。その改訂版に新たに付した序文で、空海は憤り（憤懣）の意をもってこの書を著した、と次のように回想する。

雖云凡聖殊貫、古今異時、人之写憤、何不言志、

凡夫と聖者とでは人間が違い、古（いにしえ）と今とでは時代が異なるというものの、人たるもの、憤懣をのぞくために詩を作っておのれの志を述べずにおれようか。

（序文、福永光司訳『三教指帰』中公クラシックス新書、三頁、二〇〇三年）

請亀毛以為儒客、
要兎角而作主人、
邀虚亡士、張入道旨、
屈仮名児、示出世趣、
倶陳楯戟、並箴蛭公、
勒成三巻、名曰三教指帰、
唯写憤懣之逸気、
誰望他家之披覧、
于時、延暦十六年臘月之一日也

亀毛先生に登場ねがって儒教を代表する客人とし、
兎角公にお願いしてその主人役とした。
虚亡隠士に登場ねがって道教の教理を述べてもらい
仮名乞児に世間を出離する仏教の教理を説明してもらい
ともに論陣をしいてならず者の蛭牙公子をいましめた。
ととのえて三巻とし、名づけて『三教指帰』という。
私の憤懣のやむにやまれぬ気持ちを描いたもので
他人に目を通してもらおうなどというつもりはさらさらない。
延暦十六年十二月一日

（序文・五頁）

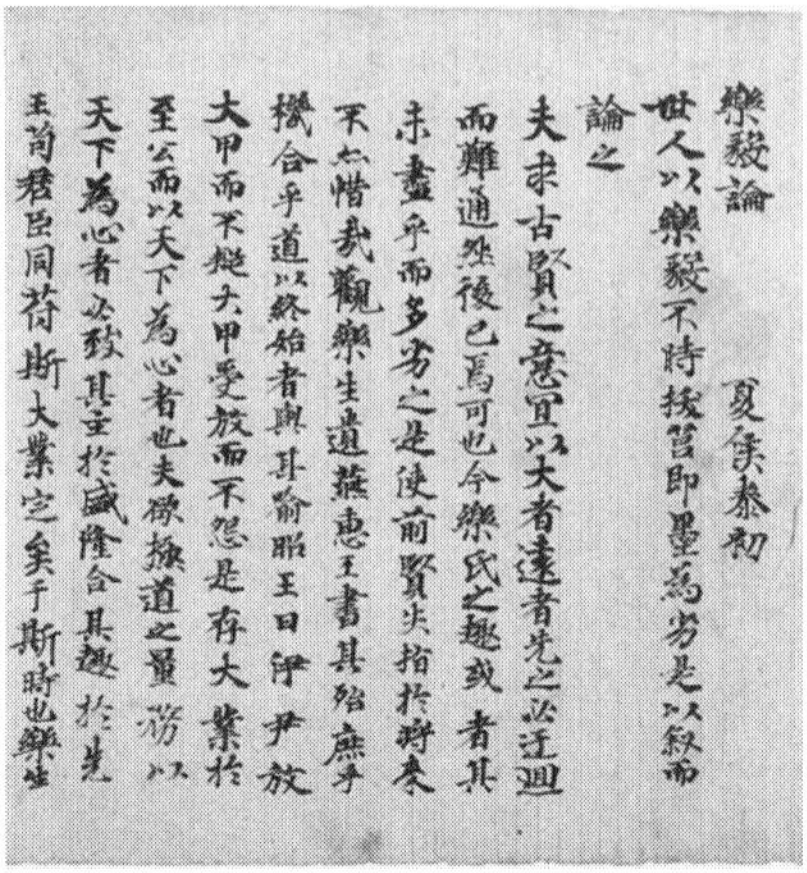

図0－2　光明皇后「楽毅論」（正倉院宝物）

ここで「憤懣をのぞくために詩を作っておのれの志を述べずにおれようか」のうち、「志を述べる」という箇所は古代中国における詩の意義である「詩は志を言う」を踏まえている。それにしても、若き空海は何に対して「憤懣」の感情を抱いていたのだろうか。確かに仏教に関係する文献の中には「憤憤」と発奮して悟りに向かう例はある。いずれにしても「憤懣」は静謐な感情ではないことは明らかである。若い日の空海にとって憤懣の矛先はどこに向けられたのだろうか。

空海が『聾瞽指帰』の第一の読者として佐伯氏などの父方の親族を想定していたことは先に述べたが、空海の意図がそれにとどまらなかったことを傍証するものとして、『聾瞽指帰』に用いられた用紙を見てみたい。現存する『聾瞽指帰』は縦簾紙という特殊な用紙に書かれている。縦簾紙は紙に簾のように縦方向に筋がつけられた紙である。現存するものとしては光明皇后が書写した「楽毅論」（図0－2）などに見られるように、高貴な人によって使われる紙であった。空海は縦簾紙を用いて、当時の専制君主・桓武天皇が御覧することをも意図して著したと私は考える。逆に言えば、親族へ見せることだけを意図したのであれば空海はこのような高価な用紙は用いなかったであろう。空海の憤懣は桓武天皇への諫言という必死の思いでなされたものであった。『聾瞽指帰』に込めた諫言によって、空海は桓武天皇の怒りを買い、命を失う可能性もあった。権力者への諫言とはそれほど危険な行為であった。

空海が桓武天皇の御覧を意図していたことは書の様式にも見られる。『聾瞽指帰』の写本には〈欠字（けつじ）・平出（へいしゅつ）〉という天皇に敬意を示す表現が用いられている。欠字とは天皇に関わる語の前に一字程度の空白を示すことである。例えば次のような個所に欠字が用いられている。ここでは欠字の箇所を□で示した。

夫子可登三公逆諫似方則□帝　庶民の子でも高位に上ることができ、臣下の諫言を拒めば
皇裔反為疋傭木従縄直已　帝王の子孫でも逆に庶民となってしまいます。（巻上・二六頁）

一行目の「帝皇裔（ていこうえい）」（帝王の子孫）という語の前が一字分あけられているのが欠字であり、天皇に敬意を示している。近年検出された、空海が嵯峨天皇に宛てた書簡の拓本（たくほん）（四天王寺大学所蔵）にも欠字が見られる。

笏而済済進退□**紫宸**俯仰□　……威儀を整える。天子の宮殿に身を置き、
丹墀入議万機誉溢四海出撫　政務に参与して名声が天下に鳴り響き……（巻上・三三頁）

「紫宸（ししん）」や「丹墀（たんち）」の言葉に含まれる「紫」や「丹」は高貴な色とされた。これらの色で形容され

る語が天皇の宮殿を指すことから欠字を用いている。
次に見るのは『聾瞽指帰』の仏教の記述部分からの一節である（図0－3）。

> 背道高翥赴欒砰訇□
> **紫庭**之浦沸卉□**丹墀**之澤
> 彫啄正直之菱
> 喫嗏廉潔之藿

> 鳥どもは道にはずれた方向に飛び立ち、天皇の庭の
> 入江や沢辺で騒ぎ立ち、羽ばたきする。
> 正しくて真っ直ぐな菱の実をついばみ、
> 清廉潔白な香草を食い散らす。

前出の「紫宸」「丹墀」と同様に天皇の宮殿に関わる「紫庭」「丹墀」にやはり欠字が用いられている。この箇所（「紫庭」「丹墀」）は、『聾瞽指帰』が『三教指帰』に書き改められる際に仏教的な表現（「四倒」「十悪」、巻下・一七九頁）に変更されている。二十四歳の空海はこの箇所に強い憤懣の思いを込めていた。そのことは当時の歴史背景を見ていく中で理解されるだろう。

次の箇所は空海が『聾瞽指帰』の中で自己を投影した人物・仮名乞児に自己紹介させる箇所である。

> 於南閻浮提陽谷（日本）□
> 輪王所化之下玉藻所帰
> 之島（讃岐）豫樟蔽日之浦（多度）

> われわれの住む世界の、日の出ずる東方の地域、
> 転輪聖王すなわち天皇が統治する、讃岐の島、
> 楠の太陽をさえぎって生い茂る屏風が浦

（図0－4、巻下・一六九頁に相当）

二行目の「輪王」すなわち転輪聖王は日本を統治する天皇を示すので「日本」の下にはまだ書くことのできる部分が大きくあるにもかかわらず、行をかえて冒頭に「輪王」と書いている。これを〈平出〉という。またあわせて「日本」や「讃岐」「多度」といった地名を小字で分かち書き（「分注」という）で示している。分注は中国で単語の説明をする際に用いられた。分注は『日本書紀』では盛んに用いられたが、桓武天皇が編纂させた『続日本紀』ではごくわずかしか用いられなかった。このように空海が『日本書紀』を意識したと思われる箇所が『聾瞽指帰』には随所にある。その意図を本書で解明していきたい。

ここでは空海は『聾瞽指帰』を桓武天皇が御覧する可能性を想定して、縦簾紙を用い、また欠字と平出を使った可能性のあることを確認しておこう。

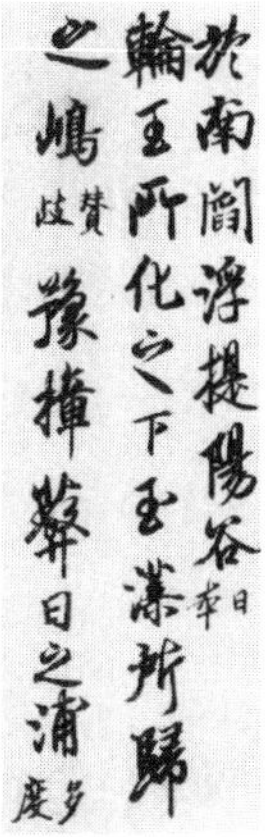

図０－４

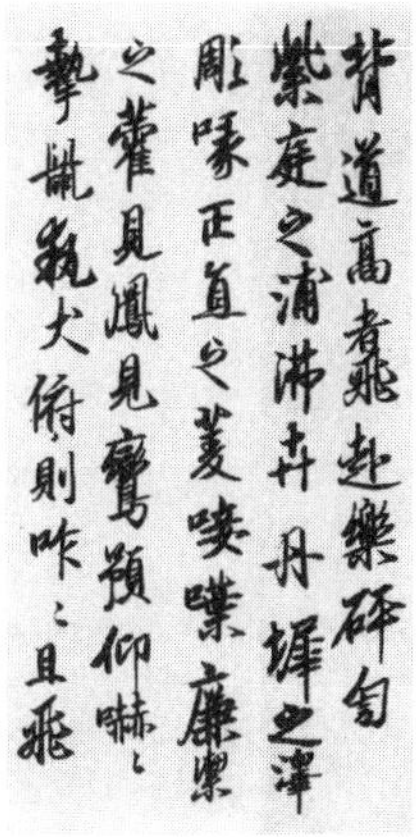

図０－３

『聾瞽指帰』前史としての『続日本紀』

空海についての公的記録として最も古い卒伝によると、空海は『聾瞽指帰』を数日で書き上げたという（『続日本後紀』）。さすがにこれは書写のための日数であって、『聾瞽指帰』の内容を構想してから完成までは、校正も含めて少なくとも数か月を要したであろう。一方で若き日の空海が「強い憤りをもって書いた」と述べるように、何年にもわたって熟成させてできた作品でもない。

どのような状況のもとで空海は『聾瞽指帰』を執筆したのだろうか。それに答えるために『聾瞽指帰』前史を紹介したい。空海は『聾瞽指帰』の中で自己を投影した主人公である仮名乞児（かめいこつじ）に〈道〉を体現させている。「道」といえば『老子（ろうし）』の主要なテーマで道教の名前にもなっているが、中国思想では儒教も「道」を重視した。仏教はそれらの影響を受け、禅も「平常心是道（へいじょうしんこれみち）」（あるがままの心が道である）というようにやはり「道」を重視している。

なぜ空海は「道」を仮名乞児に体現させたのだろうか。空海の祖先をたどっていくと佐伯氏の本流である大伴氏の祖先に「道臣（みちのおみ）」という人物がいる。道臣は、もとは日臣命（ひのおみのみこと）という名前だったが、神武天皇が大和（現・奈良県）に入るのを妨げる勢力を撃破（げきは）し、神武天皇を大和に導いた功績を「忠にして勇」とたたえられて、「道臣」という名前をたまわった。この快挙を祝った歌が久米歌（くめうた）として、またその舞踊が久米舞（くめまい）として大伴氏・佐伯氏に継承されていく。当時の氏族社会を生きた人々は、ことあるごとに祖先の栄光を思い起こしていた。空海自身も神武天皇の大和入りを導いた八咫烏（やたがらす）という、大伴氏と関わる神話上の大がらす（『性霊集』巻二）や「遠祖（えんそ）」について記す手紙を残している（『高野雑筆集（こうやざつぴつしゅう）』巻上）。空海は「道」の語を用いるとき、自分たちの祖先である道臣のことを思い起こさずにはいられなかったであろう。

また「道」を重視したもう一つの理由は、道の対（つい）となる「無道（むどう）」という語と関わっている。空海は桓武天皇が「無道」であることを諷諫の形式で訴えようとした。空海は日本の歴史上で名実ともに稀（き）代（だい）の専制君主といえる桓武天皇の治世に生まれた。桓武天皇の事跡は第1章で詳しく紹介するとして、ここでは当時、「無道」という語がどんな含意を持ち、どのように使われていたかを確認したい。そのために『聾瞽指帰』執筆の引き金となった『続日本紀』という歴史書について見ていこう。

日本最初の正史として七二〇年に完成した『日本書紀』は六九七年の持統天皇の記事までを記す。それ以後、数十年にわたって歴史書は作成されなかった。そのような状況の中で、桓武天皇は『日本書紀』に続く歴史書の編纂を命じた。そして七九七年二月十三日、『続日本紀』が完成する。空海が『聾瞽指帰』を完成させたのは七九七年十二月一日であるから、それに先立つこと九か月半ほど前のことである。この『続日本紀』の完成が空海を『聾瞽指帰』の執筆に駆り立てたと私は考える。

『続日本紀』は『日本書紀』に引き続いて文武天皇の六九八年から桓武天皇の七九一年まで九十三年間の歴史を記述する。都が藤原京、平城京、長岡京などに置かれていた時代である。『続日本紀』の編纂の経緯は複雑だが、ここでは必要な限りで簡潔に紹介しておこう（表0－1）。

『続日本紀』は『日本書紀』に続く歴史書として、桓武天皇の父である光仁天皇によって編纂が命じられ、七五七（天平宝字元）年までの草稿三十巻がいったん作られた。しかしこの時の編纂事業は、未完成に終わった。なぜなら、橘奈良麻呂の変が起きた七五七年の記録の一部が紛失するという失態などがあったためである（表の【A】参照）。

光仁天皇を継いだ桓武天皇は改めて編纂を側近の藤原継縄（藤原南家）、菅野真道らに命じた。七五八年から七七七年の光仁天皇までを扱う後半部分二十巻が先に完成し、藤原継縄はこれを十四巻に縮めて七九四（延暦十三）年にいったん完成させた（【B】）。その後、菅野真道は記録が失われた天平宝字元年の記事を補って、それを第二十巻とした（【C】）。また七七八年から七九一年までを最後の

表０－１　続日本紀の編纂
（『続日本紀１』新日本古典文学大系12、501頁、岩波書店をもとに一部改変）

『続日本紀』の相当巻次	本書に関わる記述	光仁朝	桓武朝	
巻一—巻二十 文武元（六九七）年正月—天平宝字二（七五八）年七月	七五七（天平宝字元）年に**橘奈良麻呂の変**	淳仁朝の曹案をもとに三十巻の書として奏進するが完成せず、桓武朝に引き継がれる。宝字元年一巻は記事を紛失（石川名足・淡海三船・当麻永嗣）［A］	③光仁朝奏進の史書を再訂、二十巻とする。延暦十三（七九四）年八月以後開始か（菅野真道・秋篠安人・中科巨都雄）［C］	延暦十六（七九七）年二月完成、①②の部分を合わせ続日本紀として奏進［E］
巻二十一—巻三十四 天平宝字二（七五八）年八月—宝亀八（七七七）年		二十巻に編集。ただし案牘のまま（石川名足・上毛野大川）	①延暦十（七九一）年に開始か。十四巻の史書とし、延暦一三年八月奏進（藤原継縄・菅野真道・秋篠安人）［B］	延暦十六年二月、あらためて続日本紀として奏進。［E］
巻三十五—巻四十 宝亀九（七七八）年—延暦十（七九一）年	**蝦夷征討**本格化、七八五（延暦四）年に**藤原種継暗殺事件**		②上記十四巻に引続き、延暦十三年八月—十五（七九六）年の間に奏進（藤原継縄・菅野真道・秋篠安人）［D］	延暦十六年二月、あらためて続日本紀として奏進。［E］

六巻として編纂した（［D］）。最終的に『続日本紀』は全四十巻として七九七年二月に完成した（［E］）。

菅野真道が編纂した第二十巻と第三十八巻にはそれぞれ橘奈良麻呂の変（七五七年）と藤原種継（たねつぐ）暗殺事件（七八五年）が記録される。これら二つの政変は大伴・佐伯氏が関わって引き起こしたとされ、両氏の関係者が拷問によって殺され、また刑死した。

橘奈良麻呂の変（七五七年）
獄死……大伴古麻呂、大伴池主（獄死？）
自害……佐伯全成
流罪……大伴古慈悲・佐伯大成

藤原種継暗殺事件（七八五年）――大伴氏の族長・大伴家持の死去をきっかけに起こる。
死罪……大伴継人・大伴真麻呂・大伴竹良・大伴湊麻呂・佐伯高成
流罪……大伴永主・大伴国道

菅野真道は桓武天皇の最側近として平安京遷都や蝦夷征討を支え続けた。そして『続日本紀』の完成においては上表文の中で桓武天皇の治世を中国の伝説の帝王よりもすぐれたものとして絶賛した。すでに記した通り、この『続日本紀』が完成した年の旧暦十二月一日（窮月始日）、空海は『聾瞽指帰』を完成させる。この旧暦十二月一日は西暦十二月二十五日、つまり冬至直後にあたる。冬至は古代では新たな年が始まる重要な日であった。空海がこの日を完成の日とした意義は第3章で考察しよう。

まずは『聾瞽指帰』の背景として、奈良時代における佐伯氏とその本系の大伴氏が置かれた状況を理解するために、桓武天皇によって両氏が反逆者とされた二つの政変について見ておきたい。

橘奈良麻呂の変――「無道」をめぐって

『続日本紀』には「無道」という語が四回現れる。そのうち三回が橘奈良麻呂の変に関わって使われている。橘奈良麻呂の変は政変としてそれ自体異常事態であったが、政変は奈良時代には日常茶飯事でもある。それにもましてこの事件は勅撰歴史書の記録として異常な点がある。それは、その年の記録が紛失して編纂が中座したことと、それを補うように当時佐伯氏の代表的人物であった佐伯全成への長い尋問の記録を含むことである。

橘奈良麻呂は左大臣をつとめた橘諸兄の子である。橘諸兄は藤原不比等の子である藤原四兄弟が天然痘で次々と死去した後に、唐への留学から戻った吉備真備・玄昉とともに聖武天皇を補佐した。しかし次第に藤原不比等の娘である光明皇后の信任を得て権勢をふるっていた藤原仲麻呂（藤原南家）が台頭するなかで、奈良麻呂は仲麻呂排除の計画を練ってゆく。その際に協力を呼び掛けたのが、古来の軍事氏族であった大伴・佐伯両氏であった。

聖武天皇は七五六年五月に崩御し（崩御時は上皇）、橘諸兄は七五七年一月に相次いで死去する。仲麻呂を押さえつける役割を担っていた重鎮・橘諸兄が亡くなったのをきっかけに、政治的均衡が崩れる。同年四月に聖武上皇の遺言で立太子（天皇の後継者として選ぶこと）されていた道祖王が廃され、藤原仲麻呂が推す大炊王（後の淳仁天皇）が立太子される。この前年には橘奈良麻呂は黄文王を擁立しようと佐伯全成・大伴古麻呂に呼びかけているが、これは二人に拒否されている。このような中で七五七年六月に橘奈良麻呂が謀反を起こそうとしているとの密告があった。藤原永手（藤原北家）が関係者に対して拷問して尋問すると、彼らは、橘奈良麻呂、大伴古麻呂らが仲麻呂を襲って謀反を起こし、新たな天皇を擁立しようとしていると自白した。そのため、橘奈良麻呂・大伴古麻呂らが一斉に捕縛された。

勅使が橘奈良麻呂に謀反を図った理由を問いただしたところ、奈良麻呂は「無道」の政治がなされ、東大寺の造営によって人民が苦しみ、民が苦しんでいるので兵を挙げようとしたと述べた。それに対して「東大寺の造営はそもそもおまえ（奈良麻呂）の父である橘諸兄が始めたものではないか」と言い返され、奈良麻呂は屈服した。謀反に関わったとして黄文王・道祖王・大伴古麻呂らは杖により打たれて絶命した。不思議なことに奈良麻呂自身の顛末は記されていないが拷問で殺されたと考えられている。

前述の通り、『続日本紀』には橘奈良麻呂の変に関わって佐伯全成に喚問した記録が残る。佐伯全成はこの事件の五年前に東大寺大仏の開眼を寿ぐ久米舞の舞頭を大伴伯麻呂とともに務めている。この喚問記録は一般に単調な『続日本紀』の中でも、臨場感のある描写として白眉と言える。大伴・佐伯氏は代々陸奥（現在の東北地方）の蝦夷征討に関わっていたことから、佐伯全成は当時陸奥国司として陸奥にあった。謀反に関わった一人として全成を喚問するために勅使が陸奥に遣わされた。全成は今まで三度奈良麻呂に謀反に誘われたが自分は拒絶したと主張した上で自害した。佐伯全成の拒絶は佐伯氏が当時どのように自己の氏族を理解していたかをよく示しているので以下に見ておこう。

一度目の拒絶

わたくし佐伯全成の先祖は、清明（せいめい）にして時（の天皇）を佐（たす）けてきました。わたくし全成は愚かものではありますが、先祖の事跡を失うことはできません。実際に事（こと）（奈良麻呂による新たな天皇の擁立）が成就したとしても従おうとは思いません。

二度目の拒絶

朝廷はわたくし全成に高い身分、十分な俸禄（ほうろく）を賜（たまわ）っています。どうして天に背いて、悪逆のことをおこせましょうか。

三度目の拒絶

（奈良麻呂が計画する）このことは無道です。実際に事（新たな天皇の擁立）が成就したとしても清明な名を得ることはできないでしょう。

佐伯氏の名前の由来については第1章で見るが、ここで全成は「佐」という漢字を使って佐伯氏は先祖より天皇を補佐してきたと主張する。また三度目の返事にあるように、全成は自分が奈良麻呂の誘いに乗らなかったのは、その計画が「無道」であるからだ、という。これは三度の拒否すべてに共通している原理といえる。

橘奈良麻呂の変の記録に見える「無道」の語については、注意しておくべき点が二つある。一つは

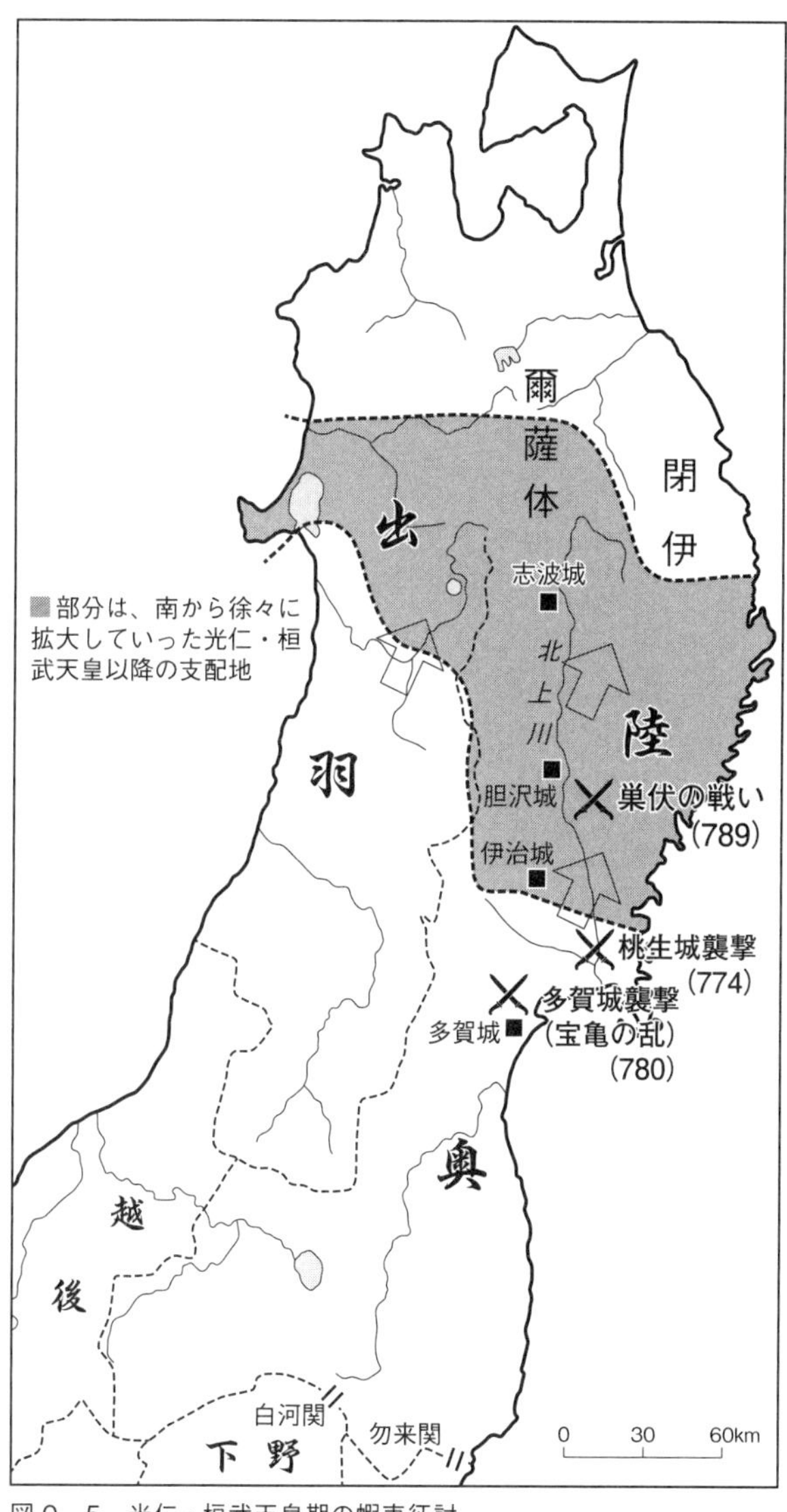

図０－５　光仁・桓武天皇期の蝦夷征討

橘奈良麻呂が聖武天皇の東大寺造営を批判して「無道」と述べたことである。臣下が主君の政治を「無道」と批判すること自体は忠臣のなすべき役割であった。ただしこの場合、奈良麻呂が「無道」であるとした東大寺造営は父親・橘諸兄に起源があると言い返されて屈服してしまうように、一貫しているとは言えない。

もう一つは、全成は橘奈良麻呂の計画に三度誘われながらも、それが「無道」であるとして加担しなかったと述べていることである。全成は橘奈良麻呂からの誘いを報告しなかった責任を感じて自害したが、全成の行動は「道」を規範とした点で一貫していると言える。また佐伯氏を先祖以来「時(の天皇)を佐(たす)ける」と規定している点は、佐伯氏につらなる空海にも自己の一族の意義として共有されていたはずである。「清明」は「きよきあかき」として天皇に対する臣下の忠を表す言葉である。「清明」という語は天皇の詔勅(しょうちょく)に臣下の忠誠を求めて用いられるので、臣下の言葉として記録されるのは佐伯全成の発言ぐらいで極めて珍しい。『万葉集(まんよう)』の読みを参照すると全成は「清明」を「さやけき」と読み、家名の「さえき」とかけていた可能性もある。ここでは佐伯氏の天皇に対する代々の忠誠を「清明」と表現していることを確認しておく。

最も古くより天皇を佐(たす)けてきた清き(さやけ)忠義を誇りとしてきた氏族として、天皇が「無道」である場合にそれを諫(いさ)めるにはどうしたらよいだろうか。それは、今は読者への問いかけとしてとどめておきたい。

橘奈良麻呂の変は『続日本紀』の完成から四十年前のことであり、その記録も紛失したため、菅野真道は旧老の言をたよりに記事を集めたという。それに対して、藤原種継暗殺事件は『続日本紀』の完成より十二年前の出来事でまだ多くの人物の記憶に残る、いわば当時の現代史であった。種継暗殺事件は、桓武天皇が最初に遷都した長岡京の造営をとん挫させたという経緯とあわせて、早良親王の怨霊に関わるものとしてよく知られる。事件をきっかけに早良親王は皇太子を廃され、淡路島に流される途中で抗議のために食を断って餓死した。後に桓武天皇は近親の不幸が連続した原因を早良親王の怨霊と考え、苦しめられることになる。ここで重要なことは、この暗殺事件はその内容のみならず、『続日本紀』完成後にその記事が書き換えられた点でも異様であったことである。

種継暗殺事件の概要は次の通りである。まず背景を述べると大伴氏は大和との関係が深かった。大伴氏は古くは大和にいた強敵を撃破して、神武天皇を大和に導いたという伝承を持つことは先に述べた。さらに壬申の乱で大伴氏は大海人皇子（後の天武天皇）に味方して、近江朝廷を撃破した。その後、天武天皇は近江（現・滋賀県）の大津宮から大和の飛鳥浄御原宮に都を戻している。このような状況が種継暗殺事件の背景にあった。桓武天皇はそれまで長らく都が置かれていた大和を離れ、七八四年に平城京より長岡に遷都を行った。その際に桓武天皇の右腕として長岡京の造営にあたっていたのが藤原種継である。その種継は遷都からまもない七八五年九月二十三日の夜に何者かに矢によって暗殺された。その下手人として、大伴竹良が逮捕され、尋問がなされると、早良親王に仕えている大伴継人・佐伯高成らが首謀者であると自白した。大伴氏の族長であった大伴家持はこの事件の直前に任務地の陸奥で亡くなっていたが、大伴継人は取り調べの中でこの計画に家持が関わっていたと自白している。そして結果として、大伴継人・佐伯高成を初め、早良親王に仕えていた官人たち、中でも多くの大伴氏関係者が処刑された。

実はこの事件は『続日本紀』が最初に完成した時には詳細に記録されていた。ところが後に桓武天皇が早良親王の怨霊に悩まされるようになったため、次の二つの点が削除されたようである。

第一は、大伴家持は「大伴・佐伯両氏に呼びかけて、藤原種継を除き、皇太子である早良親王を担ぎ上げる」ことを謀ったという点である。第二の点は、早良親王は乙訓寺にとどめ置かれ、その後、自ら飲食を断ち、十余日たって、淡路に移送される途中で絶命した。その後、屍骸を淡路島に運びそこで葬ったという点である。

この記録は歴史書から要点を抜き書きした『日本紀略』に引用されて残った。現存の『続日本紀』にはこれら二つの記事はない。この事件で罰せられた関係者は、桓武天皇が亡くなる直前の八〇六（延暦二十五）年に恩赦がなされ、処刑された人物や大伴家持にも官位がもとに戻された。大伴・佐伯氏は何らかの形で暗殺事件に関わったのだろう。それよりも注目すべきは、桓武天皇は一時の激情にまかせて公平さを欠く処断をしたことを後悔したか、もしくは怨霊に激しく苦しめられたのでこのような恩赦がなされた点である。桓武天皇は『続日本紀』の種継暗殺事件の記事を大幅に圧縮させた。一旦定めた歴史書を改訂することは天皇であっても尋常なことではない。

ひるがえって『続日本紀』を編纂した菅野真道は、橘奈良麻呂の変と種継暗殺事件に大伴・佐伯氏が関わったと明確に結論付けた。それは、桓武天皇が意図していた平城京からの遷都に対し、大伴・佐伯氏が抵抗勢力としてみなされたためもあっただろう。

さらに菅野真道はこの『続日本紀』の完成を寿いで華麗な文章で桓武天皇の治世を絶賛した。古代の名族である佐伯氏につらなる空海は『続日本紀』の完成をどのように見たであろうか。勅撰の歴史書に記されるということは、永遠に確定した歴史とされることである。

空海は当時〈大学〉で学んでいた。大学は歴史書を編纂する人材を養成する機関でもあり、その重みや作成の表裏を知りうる場所であった。暗殺事件に関しては後に桓武天皇が態度を改め、恩赦をし、種継暗殺事件の記事を圧縮しているように、大伴・佐伯氏にとっても言い分があったはずである。それにもかかわらず『聾瞽指帰』を著した七九七年の時点においては、反逆者として一方的な記述がなされた。

空海は官僚としての栄達を目指し大学で学んでいたが、それは桓武天皇に仕えることに他ならなかった。神武天皇以来、忠をもって仕えて、天皇を佐けてきた佐伯氏につらなる空海にとって、桓武天皇は仕えるべき君主と言えるだろうか。第一章では空海の視点から桓武天皇の事跡を見た上で、これについて考えていきたい。

・引用や現代語訳における強調はすべて筆者による。

・『三教指帰』（または『聾瞽指帰』の対応箇所）の現代語訳は福永光司訳『三教指帰』（中公クラシックス新書、二〇〇三年）を参照し、引用に際して文脈に応じて一部、訳を変更した。他の著作からの訳や解説も適宜変更した。

・近年は原典を重視する姿勢から『聾瞽指帰』を『三教指帰』よりも評価する傾向がある。しかし『聾瞽指帰』は『三教指帰』において空海自身が書き換えた部分と比較することで初めて理解できる。本書では二十四歳で著された『聾瞽指帰』の執筆意図を考察するため、『聾瞽指帰』という名前を多く使って解説する。しかし、近年の傾向とは異なって本書の題名をあえて『三教指帰』としたのは空海自身が改訂したことと、今まで受け伝えられてきた重みによる。空海の意図を読み解くために両者はあいまって重要である。

・現在の『性霊集』は全十巻であるが、前半七巻と後半三巻とは大きく性格が異なる。一〇七九年に真言宗の学僧・済暹が後半三巻が失われたとして、当時現存した文章を集めて新たに三巻の『続性霊集補闕鈔』を編集し、全十巻とした。『続性霊集補闕鈔』の文章には真偽未定のものが多く含まれるが、本書は一般書であるため、後半三巻も『性霊集』と略記して全十巻の巻数で示す。

・年は元号に便宜上、一般に対応する西暦で示した。そのため正月など厳密には西暦と異なる場合もある。

・本書は一般書のため注は付さなかったが、空海の著述や歴史書についての出典などは筆者の researchmap でＰＤＦ版として公開する予定である。

・天皇の代数は便宜的に明治以降に定められたものに従った。

第1章　空海の決意——天皇への忠と祖先への孝

1　空海とは誰か――これまでのイメージ

これまで空海の生涯はどのような見方がされてきたのだろうか。それを共有するために、空海の代表的研究者である宮坂宥勝氏による解説を紹介しておこう（電子版『日本大百科全書（ニッポニカ）』二〇一七年六月二〇日。引用にあたって数字・ルビなど適宜改め、省略する箇所もある）。

空海　平安初期の僧。真言宗の開祖。弘法大師の諡号で知られる。……宝亀五年、讃岐国多度郡屛風ケ浦（香川県善通寺市）で、佐伯直田公と阿刀氏出身の母の三男として生まれた。幼名は真魚。

日本史において、空海は天台宗の開祖である最澄とともに平安時代の代表的な僧侶とされる。ただし平安時代は三百年続くことを考えると、七七四年に生まれた空海の生育環境としては奈良時代後半に焦点を当てた方がよい（Abe［1999］）。空海は奈良時代の終わりに生まれ、長岡京への遷都を十一歳で見聞し、平安京に遷都されてまもない時期に二十一歳を迎え、そこで若き日々を送っていた。また弘法大師の諡号が贈られたのは最澄（伝教大師）に遅れること五十五年、空海の没後八十六年たった九二一年のことである。幼名の真魚については古い記録には見えず、伝承に基づく。

空海の生誕地については伝統的に讃岐（香川県）とされてきたが、母方の阿刀氏の本拠である河内

図１－１　弘法大師空海御影
（復元模写　林功、1983年、髙福院所蔵）

（現在の大阪府東部）とするほうが修学においても便宜があったため河内で生まれたとする説が出されている。当時の家族形態を考慮すると興味深い説であるが、吉備（岡山県）・讃岐・伊予（愛媛県）といった瀬戸内海の地域は、畿内以外の地域の中では学者を輩出することが多かった。特に讃岐は多くの学者を輩出したことで知られている。

空海の父親が佐伯直田公とされるのは伴善男が奉った文書による（『日本三代実録』八六一年）。伴善男は大伴・佐伯両氏の中で最後の有力な人物であり、後に応天門の変の首謀者と見なされ、失脚することになる。伴善男は讃岐の佐伯氏の身分を高めるために佐伯氏と同族である大伴氏の「家記」を調べたという。その文書で善男は「大伴氏の第二祖・大伴武日が讃岐国を授かった」と述べている。佐伯氏はこの大伴武日の後裔である大伴室屋の子・談を祖としている（本書58頁、図1－9参照）。

空海の母を阿刀氏出身とするのは、後年になって『聾瞽指帰』を『三教指帰』として改訂した際に付された序文に基づく。

私は十五歳のときに母方の叔父で禄高は二千石、親王府の文学という職にあった阿刀大足について学問にはげみ、十八歳で大学に入り、蛍雪の功にならって苦学した。

（序文・三頁）

阿刀氏を大陸から渡ってきた帰化系であるとする記述は近代の研究にときどき見られる。しかし実際には物部氏の支族で河内に拠点があり（本書50頁、図1－6参照）、下級の官人や僧侶を輩出していた。空海を三男とするのは、『聾瞽指帰』に登場する空海の自画像的な人物・仮名乞児の記述による。この人物は、二人の兄が亡くなって、親族に官職につくことを勧められているという設定で、空海自身の境遇をほうふつとさせる。

居諸如矢、迫彼短寿　日月は矢のように早く過ぎ去って、余命幾ばくもない親をおびやかし、
家産澆醨、墻屋向傾　わが家の資産は乏しくて、家屋は倒壊しかけている。
二兄重逝、数行汍瀾　二人の兄はつぎつぎに世を去って、涙は幾すじも頬にあふれおち、
九族倶匱、一心潺湲　親族はみな貧しくて、わが心は涙にかきくれる。

（巻下・一六一頁）

次に宮坂氏の解説から空海の受けた教育と仏道修行、さらに本書のテーマである『三教指帰』（『聾瞽指帰』）に関わる紹介を見てみよう。

母方の叔父（舅）阿刀大足に就いて漢籍を学んだ。十五歳で京に上り、十八歳で大学に入って、

味酒浄成に『毛詩』『尚書』を、岡田牛養に『春秋左氏伝』などを学んだ。あるとき一人の修行者に出会い、求聞持法を授かった。そこで、阿波（徳島県）の大滝岳、土佐（高知県）の室戸岬、伊予（愛媛県）の石鎚山、大和（奈良県）の金峰山などの聖地を巡り歩いて修行に励んだ。こうして出家の決意を固め、二十四歳のとき『三教指帰』（別本または草稿本は高野山金剛峯寺蔵の『聾瞽指帰』。国宝）を著した。それは思想劇の形をとり、儒教・道教・仏教の優劣を論じ、大乗仏教をもっとも優れた教えであるとする一種の比較思想論である。以後、約七年間の行跡はまったく不明であるが、奈良六宗のほかに、すでに密教も学んでいたと思われる。また高野山を発見したのも弱年のころであったとみられる。

このうち、十八歳の頃の空海が大学で何を学習したのかについては後で見ることにする。空海が山林修行をし、「求聞持法」（記憶力増進のための修法）を授かった場所は『三教指帰』の序文と仮名乞児の台詞に見られる。

於焉信大聖之誠言、
　望飛燄於鑽燧、
躋攀阿国大滝嶽、
勤念土州室戸崎、
谷不惜響、

そこで私は、これは仏陀のいつわりなき言葉であると信じて、
木を錐もみすれば火花が飛ぶという修行努力の成果に期待し、
阿波の国（徳島県）の大滝岳によじのぼり、
土佐の国（高知県）の室戸岬で一心不乱に修行した。
その私のまごころに感応して、谷はこだまで答え、

明星来影　　　悟りを示す明星が姿を現した。（序文・四頁）

或登金巌、而遇雪坎壈、　あるときは金ノ巌に登って雪に降られ難渋し、

或跨石峯、以絶粮轗軻　　石鎚山に登頂して食料が絶え散々な目にあった。（下巻・一五七頁）

空海が後に高野山を拠点に定めたのも若いときより山林をかけめぐっていたためである（『性霊集』巻九）。空海が『聾瞽指帰』執筆後の七年の間に「すでに密教を学んでいた」とする記述には留保が必要である。空海を宗祖とする真言宗は、入唐前に空海が密教を学んでいたと考える傾向がある。それに対し私は、空海が大系として密教を自分で組み立てたのは長安での留学以降においてであると考える。ただし、空海が密教を受容する背景には強固な氏族伝承があったと考える。この点については第3章で改めて触れたい。空海の中国の留学と帰国後の活躍は次のように紹介されている。

八〇四年（延暦二十三）三十一歳のとき、遣唐大使藤原葛野麻呂の船に橘逸勢らと同乗し、途中、暴風雨にあい九死に一生を得て入唐。同年十二月に長安に入った。翌八〇五年、長安醴泉寺の般若三蔵らに就いてサンスクリット（梵語）やインドの学問を学習し、同年六月から半年間、青龍寺の恵果から密教の伝授を受けて、真言密教の第八祖を継いだ。同年十二月十五日、恵果が六十歳で没したとき、門下から選ばれて追悼の碑文を書いた。長安滞在中は、唐の仏者たちのみならず多くの文人墨客と交流し、広く文化を摂取した。

空海が『聾瞽指帰』の執筆後、七年の空白の時期をへて、どのような身分で遣唐使に選ばれたのだろうか。私は、空海は三論宗（本章末で詳述）の僧侶として中国に渡ったと考えている。空海は、中国で現地の長官に対して遣唐大使の代筆をつとめる程、中国語の文章力があり（『性霊集』巻五）、会話にも長けていた。こういった優れた語学や書の才能が留学を認められることに結びついたのだろう。その任務は最新の仏教文化の習得と請来であった。また当初空海が長安に行く予定はなかったが、長官に長安行きを懇願する手紙を書いて認められている（『性霊集』巻五）。中国の周辺地域からやってくる優秀な僧侶たちの中でも、恵果から特別に認められたのは、空海に仏教への鋭い理解があったことにあわせて大学で学んだ中国古典への深い造詣があったためであろう。

では、中国から日本に戻ってきた空海は何をなしたのだろうか。

八〇六年（大同元）十月に帰国、膨大な密教の典籍、仏像、法典、曼荼羅、その他の文物を日本にもたらし、十二月に『請来目録』を朝廷に差し出した。八〇九年に京都高雄山寺（神護寺）に入り、翌八一〇年、国家を鎮める修法を行った。八一二年（弘仁三）には比叡山の最澄や弟子に灌頂（水を頭に注いで仏位につかせる儀式）を授けた。八一六年六月、四十三歳のとき、高野山を国家のために、また修行者の道場とするために開きたいと嵯峨天皇に上奏し、七月八日に勅許を得、八一九年五月から伽藍の建立に着手した。このようにして高野山は、天台宗の比叡山とともに平安初期の山岳仏教の拠点となる。一方、八二一年九月には四国讃岐の満濃池（香川県まんのう町）を修築し、農民のために尽力している。また八二三年一月、京都の東寺（教王護国寺）を給預されたので、ここを京都における真言密教の根本道場に定め、後進の育成に努めた。八二八年（天長五）十二月東寺の東隣に日本最初の庶民教育の学校として綜芸種智院を開設した。八三五年（承和二）一月、宮中真言院で後七日御修法を行い、同年三月二十一日に高野山で入滅した。齢六十二歳。九二一年（延喜二十一）醍醐天皇から弘法大師の諡号が贈られた。

（『日本大百科全書』）

帰国後の空海は、嵯峨天皇など時の権力者に働きかけ仏教の広がりに尽力し、市井の人々のためにも教えと救いを広めた。近現代の理解では、空海は権力に迎合した老獪な人物として批判されることもある。確かに空海は後に見るように、平城天皇・嵯峨天皇・淳和天皇・仁明天皇といった四代の天皇・上皇と深い関わりを持った。しかしそれは空海の留学後のことである。空海は若き日にもっとも危険な形で権力に対峙した。それを本書では読み解いていこう。

2　来歴——誰に向けて書かれたか

『三教指帰』『聾瞽指帰』の名称について

空海は後年四十歳を過ぎて『聾瞽指帰』を改める必要を感じ、それを修正したのが『三教指帰』である。空海自身による具体的な改訂内容については後ほど述べるとして、まずは内容とも関わる「三教」「指帰」「聾瞽」という名称の由来からたどっていこう。この書の原題である『聾瞽指帰』には、実は空海と権力者との関係性を考える上で、重要な意図が込められていると私は考えている。

この書物のテーマである儒教・道教・仏教の三教の論争は中国でしばしば扱われる主題であった。その中でも仏教の立場から記録する重要な文献、法琳『弁正論』に「三教の指帰を考え」（儒教・道教・仏教の三つの教えの指し示す究極を考える）という語が見られる。江戸時代の僧侶はこの法琳の語が『三教指帰』の題名の出典であると指摘する。しかし空海が最初に著したのは『聾瞽指帰』であるから、『弁正論』に「三教」と「指帰」の語のつながりが見られるにしても、この箇所が若い日の空海にヒントを与えたということはできない。空海は中国留学の際に三教を比較する『三教不斉論』という文献を中国より持ち帰っている。後年になって『聾瞽指帰』の名称を内容に応じた一般的な『三教指帰』に改めたといえる。それはプロローグで触れたような諫言の書としての役割を終えていたからでもあろう。

「指帰」とは「究極的に〝帰〟るべきところを真理とし、それを〝指〟すもの」という意味で、簡潔には「真理」と言い換えられる。空海は真理観を中心に据えて思想を展開させた。そこで空海は中国で仏教に限らず用いられる〝真理〟という意味と、それを教え諭すという意味をあわせ持つ「指帰」という語を選んだと思われる。空海以前にも『四声指帰』『毘曇指帰』『老子指帰』『道行指帰』といった書籍が存在していたため、空海がそれらの書籍を参照して名称をつけた可能性が指摘されている。ただしそれらの著作はあくまで限られた分野やある特定の文献を扱ったものである。空海は「指帰」を根源への希求という意図で用いた。根源への希求は空海の極めて特徴的な思考方法である。

『聾瞽指帰』の「聾瞽」という語は、現代の立場からは障碍者差別の問題に関わるため、十分に留意する必要がある。「聾」は耳の聞こえないもの、「瞽」は目の見えないもの、がもとの意味である。空海が「聾瞽」という語を用いた意図は〈真実が見えず聞こえないもの〉を指してのことである。その背景には中国の故事があったろう。古代中国の春秋時代の晏嬰（晏子）は君主に諫言をしばしば行った名宰相である。晏嬰は「君主が真実を聴かないのを「聾」という」と述べている。つまり「聾」という字は諫言と密接な関係がある。『聾瞽指帰』序文に空海が同書を著した動機が書かれている。そこには「愚悪をあわれみ、誡箴を飛ばす」とある。空海が「誡箴」（いさめを書いたいましめの文）を与えようとする、「愚悪」で真実の見えない「聾瞽」とはだれか。それは桓武天皇にほかならないと私は考える。

天皇を「愚悪」「聾瞽」と呼ぶことは現代の人にとってはショックであろう。近代以降に構築された天皇の価値観を受け継いでいる我々にはタブーに映るかも知れない。しかしあくまで当時の時代に視点をおいて理解するときには、近現代における天皇制批判とは異なる時代背景を理解しなければならない。『聾瞽指帰』は天皇に最も忠たらんとした古代氏族・佐伯氏につらなる空海がなした必死の諫言なのである。

『聾瞽指帰』から『三教指帰』へ　改変された内容

次に『聾瞽指帰』と『三教指帰』の形式的な違いについて見ていこう。いずれも構成は①序文と②儒・道・仏三教それぞれの論述部分、③最後の仏教についての「十韻の詩」からなる。

『聾瞽指帰』はもとは一巻であったはずであるが、現存する国宝本は二巻になっている。上巻に①序と②のうち儒教・道教の記述が収録され、下巻に②の仏教の記述と③最後の「十韻の詩」が収録されている。

それに対して、『三教指帰』は三巻からなる。中巻に収められる道教の記述はもともと三教の中で最も短く、加えて序や最後の詩はそれぞれ巻上と巻下に含まれるために、中巻の短さがより際立つ。そのため『三教指帰』三巻のそれぞれの長さは一様ではない。

これまで『聾瞽指帰』と『三教指帰』の中心となる②の論述部分には、ほとんど違いはないと言われてきた。しかし字句を細かく見ると極めて重要な違いがある。その違いを見ると空海が『聾瞽指帰』を著した意図が明らかになる。この意図については後で見ることにする。ここでは、『聾瞽指帰』と『三教指帰』で全く異なっている①の序文と③の十韻の詩の違いについて見ておく。

まず序文についていえば、『聾瞽指帰』と比べ『三教指帰』の序文は明らかに平易な文体になっている。このことから、文筆に長けた空海は、難しい美文を書くはずであるという固定観念に基づいて、平易な『三教指帰』の序文は空海以外の誰かによる偽作ではないかとの疑念をもたらしたこともある。しかし私は、空海は『聾瞽指帰』を書いた時の若くて知識を誇る段階から脱して、『三教指帰』ではより広い読者を考慮して平易な文体で書き改めたと考える。そして、プロローグで指摘した通り、『三教指帰』の序文は空海が新たに書き下ろしたもので、そこに著者つまり空海にしか知りえない執筆の強い発憤の動機が書かれている。したがって『三教指帰』の序文は空海その人の手になると断定してよい。

③の十韻の詩は新たに書き下ろされた。その改変については中国留学を契機として道教と儒教を低く位置付ける理解から、それらにも一定の意義を認める立場に変わったことが指摘されている。私はそれに加えて若い日の問題意識からの変化が見られると考える。

『聾瞽指帰』と改訂版『三教指帰』の成立

『聾瞽指帰』は高野山金剛峯寺が所蔵する空海の手による写本（国宝）しか現存していない。それ以外は、古いものとしては伝承しか残されていない。この国宝本については空海の真筆を疑う見解もあった。しかし、プロローグで論じた通り、この国宝本で欠字や平出を使った意図は空海にしか知りえなかったため、私は空海の真筆であると断定する。一方で、空海自筆の『三教指帰』は残されておらず、写本だけが存在する。

『三教指帰』の代表的な写本の年代を具体的にしめそう。『三教指帰』単独で現存し、年代が分かっている最古の写本は平安時代末期（一一五四年）のもので、天理大学附属天理図書館に所蔵される。それよりも古いのが『三教指帰注集』で、成安による一一三三、三四（長承二、三）年の写本が大谷大学図書館に所蔵される。印刷された版本としては快賢による一二五三（建長五）年のものが高野山金剛三昧院に所蔵されている。

そもそも空海の著作は全体として自筆本が残っていないことが多い。空海自身の著作のうち、自筆が残されているのは著名な「風信帖」という手紙や「灌頂暦名」という儀礼の記録、『金剛般若経開題』の一部などであり、空海の全著作に比べればごくわずかである。とはいえ空海と時代が近い人物で空海ほど書が現存する人物もいない。

書の名家であり、真言宗の開祖とされる空海自筆の『三教指帰』が伝わっていないのは不思議に思う人もいるだろう。その理由は以下のように考えられる。実は空海の没後しばらくの間、真言宗は独立した教団としての勢力をもたなかった。真言宗が教団として顕在化するのは、空海の没後、宇多上皇が八九九年に東寺で出家し、法皇として仁和寺に入り、皇室の真言宗への帰入を明確にした頃、すなわち空海が弘法大師のおくり名（諡号）を醍醐天皇より九二一年に与えられた頃からである。

当時、空海が創立した高野山は火災に見舞われるなどして、しばらくの間、衰退していた。高野山が復興に向かうのは、空海が亡くなってから二百年ほどたって、藤原道長が一〇二三年に高野山に参詣したり、高野山に相次いで上皇・貴族からの寄進がなされたりしたあたりからである。

このような空海没後の真言宗や高野山の衰退状況も考えると、『聾瞽指帰』の修訂版である『三教指帰』の自筆本が失われたのは特別なことではない。

『三教指帰』には空海であれば行わなかったような簡単な文法の誤りも見られる。しかし、これについては空海自身の誤りではないだろう。書写とは、人間が行う行為であるから必ず誤りが生じる。空海が亡くなってから現存する最古の写本が書写されるまで三百年を経ているから、その間に何度か書写がなされたであろう。現在残っている最古の写本も自筆本から直接書き写されたとは思われない。両者を比較してみると、『三教指帰』の方が『聾瞽指帰』に比べて音韻が整備されていることが既に指摘されている。現在の『三教指帰』に見られる簡単な文法の誤りは誤写によって生じた可能性が高いと考えるべきだろう。重要なことは、『三教指帰』で改変された箇所を見ることで、若き日の空海がどのような意図をもって『聾瞽指帰』を著したのかが分かることである。これについては第2章以降で見ていきたい。

3　時代背景

天皇への忠と佐伯氏の孝

これまで書物としての来歴をたどってきたが、次は視点を空海の時代に転じたい。まず、空海がその時代において自分をどう認識していたかについて考察する。そのために、特に空海が自らの家系をどのように意識していたかについて重点を置く。というのも空海の時代には我々が想像するよりもはるかに自分がどの氏族に所属するかが重要な自己規定（アイデンティティ）であったからである。

空海の父は冒頭で見たように佐伯直田公とされる。佐伯氏には佐伯連と佐伯直の系統があり、前者が中央にいる本流で後者が地方にいる庶流とされる。空海の系統は讃岐（現・香川県）に拠点を置く庶流の方の佐伯氏である。大伴氏には朝廷で〈参議〉という高位に上ったものが多いが、中央の佐伯連で参議に上ったのは佐伯今毛人のみである。従来の空海の伝記では佐伯氏について詳しく言及されることはない。だが、空海が客観的には本流から遠く離れた庶流であるとはいえ、佐伯氏に属していたことは、『聾瞽指帰』を執筆するにあたって重要な意義があった。

佐伯部は東国で大和朝廷に反抗した蝦夷の捕虜を兵士として再編した歴史を持つ（プロローグ参照）。古代には現在の関東地方から東北地方にかけて蝦夷と呼ばれる人々が住んでいた。ヤマトタケル（日

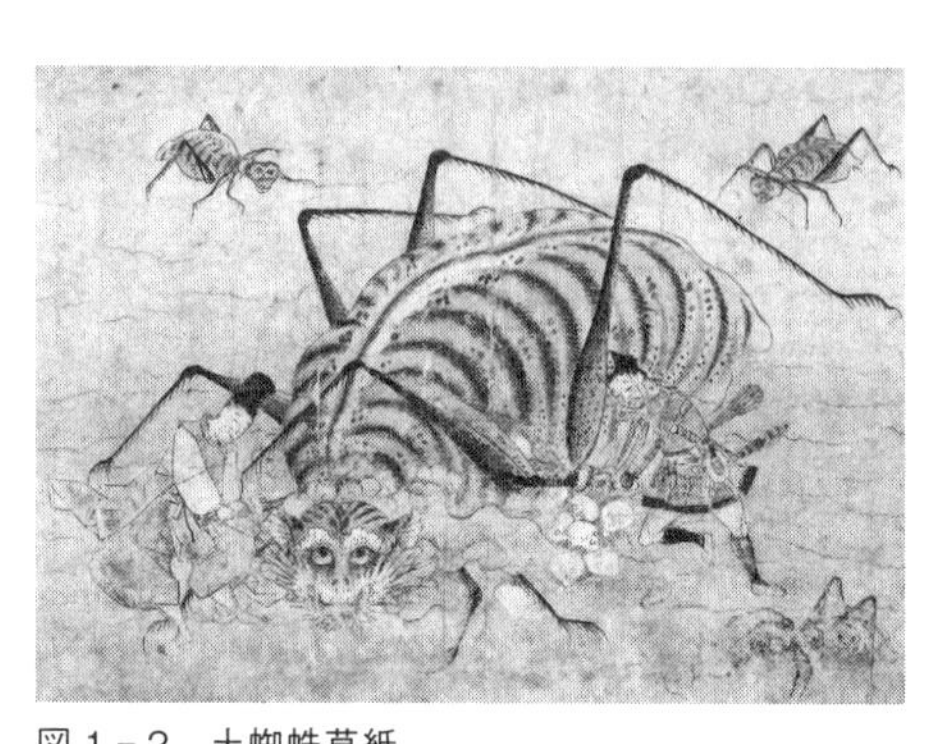

図1－2　土蜘蛛草紙
土蜘蛛はもとは朝廷に反抗した足長の土豪をさしたが室町時代以降は蜘蛛の姿で表された

本武尊）の東征に象徴的に見られるように、大和朝廷は軍事力によって次第に東国を支配下に置いていった。空海は『日本書紀』に基づき、第十二代天皇・景行天皇のときにヤマトタケルに従って大伴氏の祖の一人・武日が蝦夷征伐に出かけたことを記している（『性霊集』巻三）。

この東国征服の過程で捕虜となった蝦夷たちの一部は伊勢神宮、そして大和（現・奈良県）の近くに住まわされたが、いずれでも異国の言葉を話し「騒がしい」ので、畿内の外にある西国の五か国（播磨・讃岐・伊予・安芸・阿波）に移住させられ、佐伯部とされたという（『日本書紀』）。このことから蝦夷の人々が「さわぐ」のが「さえき」（佐伯）の語源とする説もある。一方で「さえき」の語源を「塞ぎる」とする説もある（『常陸国風土記』）。ここでは細かい論証は行わないが、空海は「塞ぎる」の解釈で理解していると考えられる。

東国征服で捕虜となった蝦夷を統括するのが佐伯直であったとされる。これに関して、空海が自己をモデルにした仮名乞児の描写を見ると興味深い。仮名乞児は徹底的に醜い姿形で描かれており、そこに「首が亀のように短く、足が鷺のように長い」とある。鷺のように足が長いという表現は「つちぐも」の特徴を思わせる。『常陸国風土記』には、大和朝廷に従わなかった勢力として「山の佐伯、野の佐伯」がおり、俗に「土蜘蛛、八束脛」と呼ばれたとする（図1－2）。「つちぐも」はまた、梟のような親不孝（中国の故事に基づく）で野犬や鼠のようにすばしこく盗むやからともされている。ほかにも神武天皇の大和入りを妨げた豪族の首長が長脛彦（『日本書紀』）と呼ばれるように、朝廷に抵抗してきた人々は長い足をもつものとして描かれていた。つまり、足が長いことは当時、蝦夷を暗喩したと考えられる。空海に実際に蝦夷の血が混じっていたのかはともかく、佐伯氏は捕虜の蝦夷と混血していると理解されていた。空海は自画像として「足が長い」と「やつかはぎ」の特徴を交えて描くことで、それを読者に想起させようとしたのだろう。空海が生まれて二年後に出羽国の蝦夷の捕虜（俘囚）が大宰府と讃岐に移動させられている（本書59頁、表1－1）。空海の学友には、蝦夷の捕虜が讃岐に配置されたところに空海がちょうど生まれたことや、讃岐出身の佐伯氏であることをもとに、空海を蝦夷にたとえてからかった口の悪い者もいただろう。

いずれにせよ空海は自分の祖先が、ヤマトタケル以来の朝廷の蝦夷征討に深く関わるものとして認識していたといえる。

空海と天皇の関係

空海と天皇との関わりは従来、帰国後の平城天皇・嵯峨天皇・淳和天皇・仁明天皇に限って述べられることがほとんどである。空海が中国留学より帰国した時の天皇は平城天皇であった。空海は八〇六年に留学の成果として強い自信を持って『請来目録』を朝廷に提出した。しかしそれが顧みられた様子はなく、筑紫（福岡県）に三年ほどとどめ置かれた。その後、平城天皇は弟の嵯峨天皇に位を譲り、上皇となり、旧都である平城京に拠点をおいた。ほどなくして藤原仲成・薬子（藤原式家）の兄妹が平城上皇に再び皇位につくことをそそのかした動きに対し、嵯峨天皇は藤原冬嗣（藤原北家）の協力を得て兄妹の謀反（薬子の変）を鎮圧した。その後、嵯峨天皇は長期にわたる安定した政治を行った。空海は同じく三筆の一人とされる嵯峨天皇と書を交換するなど、文人として頻繁に交流していた。また薬子の変後も上皇としての地位を保った平城上皇に対して空海は灌頂という密教儀礼を執り行い、その際に著した文章が「平城上皇灌頂文」として残されている。平城上皇の子・高岳親王は嵯峨天皇の皇太子となっていたが、薬子の変の後、皇太子を廃され、出家して真如と名乗り、後に空海の弟子となった。

　空海は嵯峨天皇が存命中に天皇位を継いだ淳和天皇とも深い交流があった。後代に天皇の即位に際して灌頂の儀礼が一般化する。天皇に対する最初の灌頂は、空海が淳和天皇に対して執り行った灌頂であった可能性が指摘されている（阿部龍一［二〇一〇］）。空海は最晩年に仁明天皇に真言院での御七日御修法の実施を願い出て認められている。空海は淳和天皇が位を譲った仁明天皇の治世に亡くなった。そのときに淳和天皇は上皇として存命していて、空海の逝去に際し、哀切極まる弔書を送っている。つまり空海は帰国後に平城天皇・嵯峨天皇・淳和天皇・仁明天皇という四代の天皇（退位後の上皇）と交流を持ったことになる。『聾瞽指帰』や在唐中の数点の文章を除いて、空海の詩を含む著作のほとんどは帰国後に書かれた。

　時間をさかのぼって空海が八歳のときに桓武天皇は即位し、入唐したときも桓武天皇の治世であった。桓武天皇が亡くなったとき、空海は長安から日本へ帰国する道のりの途中であった。桓武天皇が亡くなったのを空海が知ったのは、帰国するために立ち寄った中国の港か、または日本に到着した後であっただろう。時に桓武天皇は最澄・空海二人を保護したという説明も見受けられる。桓武天皇は最澄を積極的に保護したのは事実である。しかし、生前に無名であった空海との関わりはほとんどなく、そのような説明は正確ではない。桓武天皇の側から空海を認識することはなかったであろう。

空海は二十四歳で『聾瞽指帰』を著して出家し、三十一歳で入唐した。この七年間に空海が書いたと判明している文章は存在しない。宮坂氏が空海の伝記で述べていたように、この「約七年間の行跡はまったく不明」である。空海は詩文の中で桓武天皇を回想したり（『性霊集』巻六）、桓武天皇による蝦夷征討に言及したりすることはあるが（『性霊集』巻一）、二人の直接的なつながりをしめす文章は存在しない。そのためであろう、両者の関係はいままでほとんど考慮されなかった。だが、これまでも述べてきたように『聾瞽指帰』は、古代の名族・佐伯氏に属する立場から空海が桓武天皇に諌言するものとして全編が貫かれている。その理由を詳しく見ていくことにしたい。

「聖帝瑞暦」に込められた皮肉

空海は『聾瞽指帰』を書き上げた際の年月を「聖帝瑞暦延暦十六年」としている（図1－3）。『三教指帰』では「聖帝瑞暦」という語を削除し、「延暦十六年」とのみ記している。「聖帝瑞暦」としたのは桓武天皇の治世をほめたたえているからである。「延暦」は最澄が開いた延暦寺の寺号として著名であるが、もと

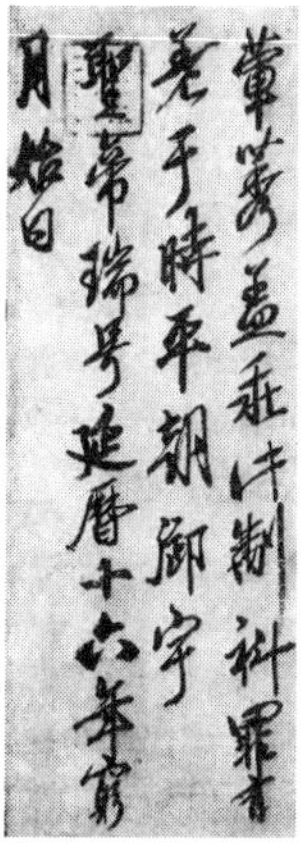

図1－3「聖帝瑞暦延暦十六年」

図１－４　漢の武帝

は最澄に仏教界の革新を期待し、保護した桓武天皇の在位中の元号である。この延暦という名は「暦を延べる」という、不老長生の考えに基づいたもので、空海はそれにかけて「瑞祥ある元号（瑞暦）」とほめたたえている。

元号とは中国から日本に伝わったものである。漢の武帝（図1－4）が即位するにあたって中国最初の元号として「建元」を制定したことにならい、「延暦」という元号をつけたと桓武天皇は述べている（ただし実際は「建元」という元号は後からつけられた）。桓武天皇は専制君主である武帝の政策の多くを模範にした。桓武天皇の徹底的な蝦夷征討は、漢の武帝が異民族である匈奴を征討したことに範をとったものと言える。その他にも桓武天皇が武帝を模範としたものに冬至の儀礼がある。これについては第3章で述べる。

「聖帝」の語は中国の古典にはあまり見られず、『日本書紀』や『古事記』に第十六代天皇・仁徳天皇を呼ぶときの尊称として登場する。仁徳天皇が「聖帝」と呼ばれた理由は、仁徳天皇とかまどの話としてよく知られる。仁徳天皇は民の家からかまどの煙が立つのが見えないことから民衆が困窮しているのを知り、宮廷の屋根が壊れても修復させなかった。家々からかまどの煙が立つようになってもしばらくはそのままにして、修復をせず、臣下が修復のために税を徴収することを勧めても断った。三年たって宮室を造営することになると、人々は老いたものから幼いものまで、力を合わせて造営し、ほどなくしてできあがった。このような点から仁徳天皇を「聖帝」と称する、と『日本書紀』は伝えている。

それに対して桓武天皇の治世下で、長岡（ながおか）京・平安京の造営のために徴発（ちょうはつ）された人々は苦しんでいた。例えば名工（めいこう）として知られていた飛驒（ひだ）の匠（たくみ）たちは平安京の造営期に逃亡したため、捕縛（ほばく）が命じられている（『日本後紀』七九六年）。仁徳天皇は名君の理想としてよく知られていた。桓武天皇の治世を瑞祥（ずいしょう）ある元号とし、「聖帝」の語によって仁徳天皇になぞらえることで空海は、桓武天皇への強烈な諷刺を意図していた。

稀代の専制君主・桓武天皇の二大政策——新京造営と蝦夷征討

桓武天皇は悠久（ゆうきゅう）の都・平安京の礎（いしずえ）を築（きず）いた天皇である（図1－5）。平安京の遷都まで都は目まぐるしく移り変わってきていた。結果としてみれば、平安京はごく一時的な中断はあったものの、明治維新による東京への遷都まで千年以上にわたって都であり続けた。

図1－5　桓武天皇

また当時、東北地方には朝廷に従わない蝦夷の勢力が存在しつづけていた。その状況に大きな区切りをつけたのも桓武天皇である。その治世のもとで坂上田村麻呂（さかのうえのたむらまろ）が征夷大将軍（せいいたいしょうぐん）として蝦夷征討に派遣された。蝦夷の領袖（りょうしゅう）であった阿弖流為（あてるい）らは頑強（がんきょう）に朝廷軍を撃破（げきは）していたが、ついに田村麻呂に降伏した。

阿弖流為らは田村麻呂の助命の嘆願にもかかわらず処刑された。桓武天皇の積極的な軍事政策により、ついに蝦夷は朝廷に脅威を与える勢力ではなくなった。新京造営と蝦夷征討という二大政策を敢行し、日本史上でもまれにみる専制君主として君臨したのが桓武天皇であった。空海は若き日にこの桓武天皇に官僚として仕えるべく大学で修学していたのである。

桓武天皇はこの二大政策以外にも多くの改革を行った。ここでは空海の若き日の時代背景を理解するために、特に①大学の改革、②中国の祭祀の採用、③仏教界の粛清を挙げ、その上で④『続日本紀』の編纂を見ていく。中でも桓武天皇の元で編纂された『続日本紀』の完成は、プロローグでも述べた通り、『聾瞽指帰』を執筆する強い動機となったと考えられるからである。

桓武天皇の生母高野新笠の出自は和氏といい、百済出身の帰化系であった。母親の出自が低いため、桓武天皇の立太子は当初予想されていなかった。しかし当時皇太子であった他戸親王が母の井上内親王とともに廃される事件が起きるなどして、四十五歳という当時としては高齢ともいえる年齢で皇位についた。空海八歳のときである。桓武天皇は皇太子となる以前に三十歳で大学頭（今の大学総長）の地位についていたが、その位は従五位上で高いものではなかった。桓武天皇は自らの努力で大学頭についたわけではなかったが、大学が求める学識を十分に備えていると自負していたのだろうか。天皇に即位してから大学の学制変革にきわめて積極的であった。

改革の一環として、新たに大学の教科書として『春秋公羊伝』（以下『公羊伝』）を採用した。これは、母親である高野新笠の出自を飾るためと推測される。儒教の五経の一つである『春秋』には『左氏伝』『穀梁伝』『公羊伝』という三つの伝があった。このうち日本では、『左氏伝』のみが正式の教科書で、圧倒的によく読まれた（学令第五条、七条）。この『左氏伝』に加えて、桓武天皇が一般には重視されない『公羊伝』を『穀梁伝』とともに大学の正式な教科に採用したのは、その冒頭に「母の地位は子が高位につくことで貴くなる」（母以レ子貴）という主張が見られるからである。

まずこの改革の伏線として七八四（延暦三）年に当時の右大臣・藤原是公（藤原南家）はこの春秋の三つの伝を大学で講義させる旨の上奏（天皇に意見や事情などを申し上げること）を行っている。それを踏まえて、桓武天皇は七九〇年に外祖父母に追贈する詔（天皇の命令を直接に下す文書）で、『春秋』（公羊伝）では、祖先は子孫によって身分が高い（祖以レ子貴）としている。これは儒教の儀礼を定めたもので、帝王が常に模範とするものである」と述べている。つまり桓武天皇の外祖父母は帰化系で出自が高くはないが、子である桓武天皇が貴いことにより、祖先も貴い身分とされると『公羊伝』に基づいて詔を述べたのである。

桓武天皇と百済系帰化系氏族とは母親の和氏以外にも重要な関わりがある。桓武天皇が長岡京へ遷都したことは帰化系の有力氏族である百済王氏の本拠・交野（現・大阪府交野市）に近かったためとされる（図1－6）。そして遷都後の七八五年と七八七年の冬至に、桓武天皇は長岡京の南にあたる交野郡の柏原で、〈郊祀〉とよばれる中国風の祭祀を行った。この中国風の〈郊祀〉は、それまでの冬至を基準に行なわれていた新嘗祭とは、性質が明らかに異なる。これは、儀礼に大きな変革をもたらそうとする桓武天皇の決意の表れであった。ここでは、桓武天皇は先例にとらわれず、儀礼を自分で定めようとしたことを確認しておこう。それ以外にも桓武天皇は、それまで一緒に行われてい

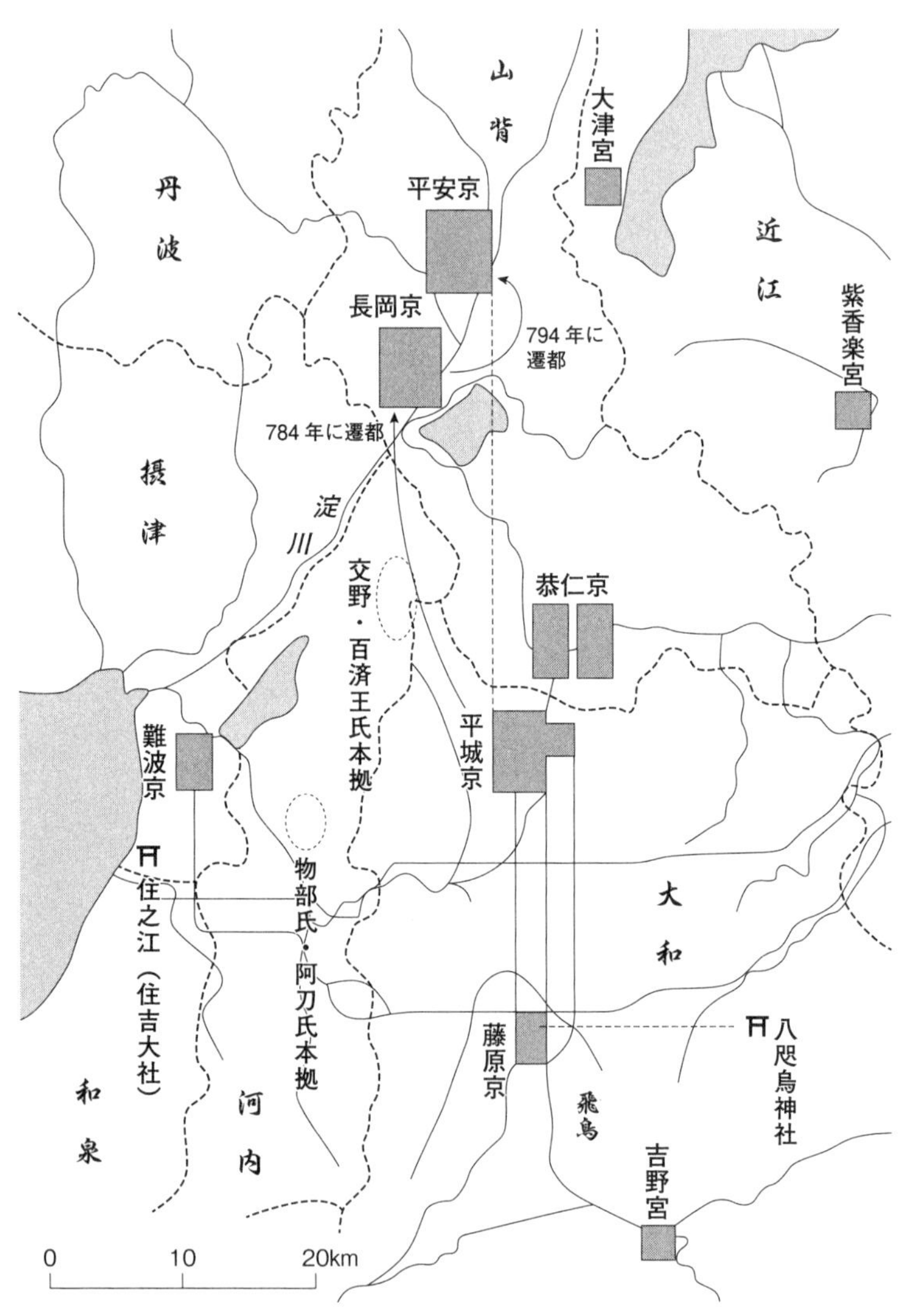

山背
大津宮
丹波
平安京
近江
長岡京
794 年に遷都
紫香楽宮
784 年に遷都
摂津
淀川
交野・百済王氏本拠
恭仁京
難波京
平城京
住之江（住吉大社）
物部氏・阿刀氏本拠
大和
藤原京
八咫烏神社
和泉
河内
飛鳥
吉野宮
0
10
20km

図１－６　古代都城の遷都

た践祚（天皇の位につくこと）と即位礼を分けた最初の天皇とされる。加えて即位の際に述べられる宣命も、それ以前は内容が毎回変わっていたが、桓武天皇が固定化したとされる。つまり桓武天皇は即位をはじめとする天皇の儀礼を新しく整備することに力を入れていた。儀礼は天皇と臣下との関係を確認するための極めて重要な行事であった。冬至をめぐる儀礼と空海の関わりについては本書でも第3章で改めて述べることにする。

桓武天皇は新京造営や新たな祭祀の実行により「新王朝を開こうという意図があった」と評す歴史家もいる。それを〝新王朝〟と呼べるかどうかはさておき、桓武天皇の長岡京・平安京遷都は、神武天皇に始まる大和を中心とした朝廷の歴史からは確かに異質なものである。それは、桓武天皇が血を引く天智天皇の近江（大津宮）遷都を思わせるものであった。大和から遷都した天智天皇（兄）と大和に都を戻した天武天皇（弟）の系統の対立は本書が扱う時代の深層にある。

桓武天皇が平城京から長岡京・平安京に遷都した理由の一つは、仏教勢力が強い平城京を嫌ったためといわれている。奈良時代には玄昉や道鏡といった政治に深く介入する僧侶が登場した。平城京には飛鳥などから薬師寺・大官大寺（移転後・大安寺）・飛鳥寺（移転後・元興寺）など多くの大寺院が移転し、新たな伽藍が盛んに造営されていた。聖武天皇は平城京の東に、国家の中心寺院として東大寺を建立し、民衆の支持が厚い行基の協力も得て、大仏の造営に心血を注いだ（後出の図1-10）。これらのことから分かるように、平城京は近郊を含め、仏教寺院と僧侶の隆盛が著しかった。それに比べると桓武天皇は平安京に東寺と西寺という二つの寺院しか建設を認めなかったし、僧侶に対して何度も綱紀粛正策や抑制策を出している。このことから、平城京からの遷都は仏教勢力の抑制を

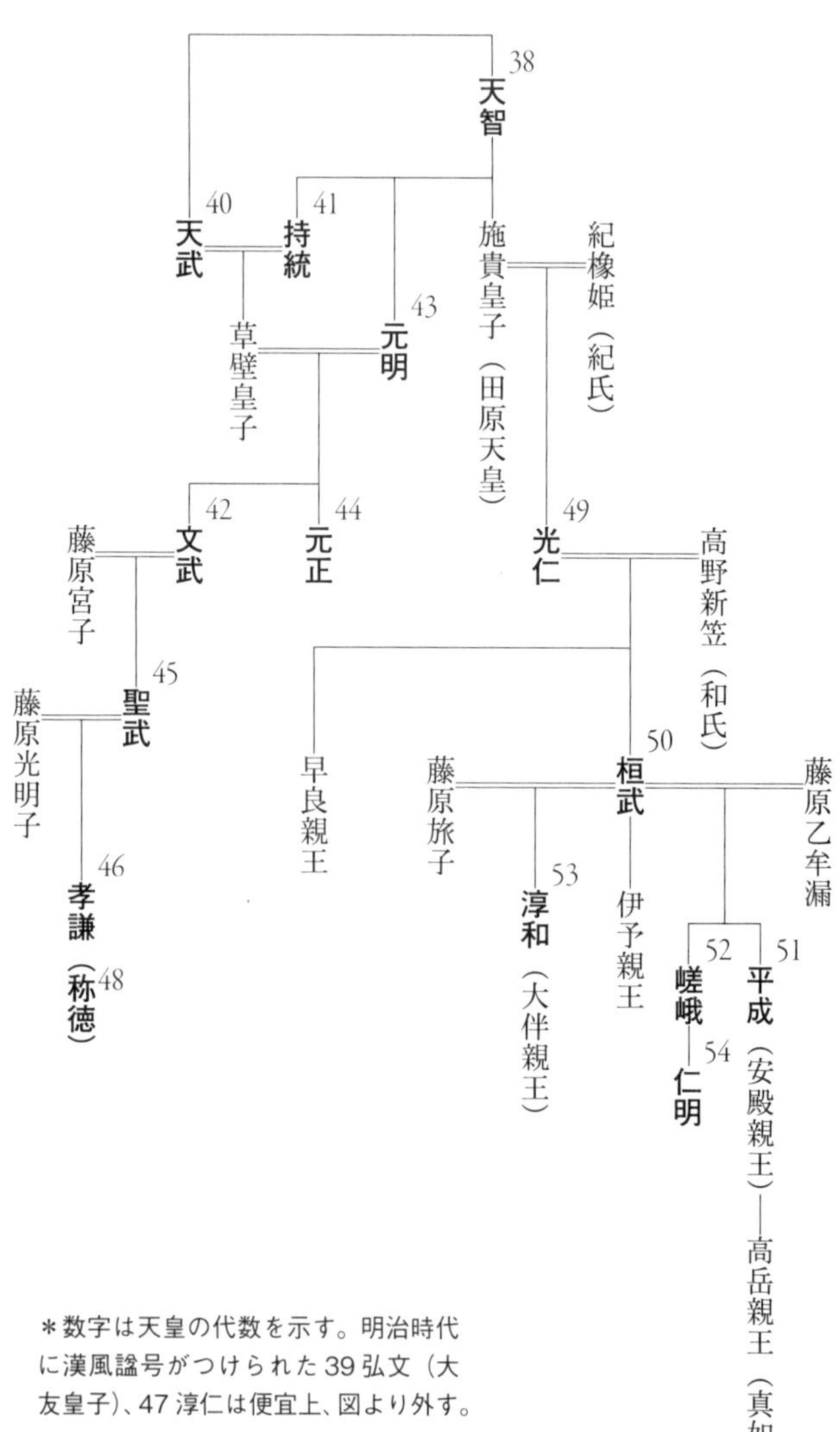

＊数字は天皇の代数を示す。明治時代に漢風諡号がつけられた39弘文（大友皇子）、47淳仁は便宜上、図より外す。

図1－7　桓武天皇系図

目的の一つとしていたと見られる。

ここまで、桓武天皇による改革を紹介してきた。空海が『聾瞽指帰』を著した時代背景を理解するには、これらの桓武天皇による改革を踏まえる必要がある。

エネルギッシュな桓武天皇のエピソード

それでは桓武天皇とはどんな人物であったのだろうか。人柄がうかがえるエピソードを紹介しておこう。先に述べたように桓武天皇の母・高野新笠は百済からの帰化系であった。帰化系の百済王氏は狩猟のための鷹を養う技術を朝鮮半島からもたらした。百済系の風習に親しんでいたこともあり、桓武天皇は歴代の天皇と比べて無類の鷹狩り・狩猟好きの天皇であった。空海が『聾瞽指帰』を著した九か月後の七九八（延暦十七）年八月、桓武天皇が遊猟を行い、伊予親王の山荘に立ち寄ったときのことを記す『日本後紀』の記事を見てみよう。

> 桓武天皇は北野で遊猟をされ、伊予親王の山荘におこしになり、「飲酒高会」された（盛大な宴会をもよおした）。日が暮れたので桓武天皇は次のような歌を詠まれた。
>
> 今朝の朝気　鳴くちゅう鹿の　その声を　聞かずは行かじ　よはふけぬとも
>
> 明け方になると鹿が鳴き、お上は喜ばれた。臣下たちに自分の歌に和せしめて、「夜を冒して」宮廷に帰られた。

桓武天皇は中国で宴会の際にうたわれる『詩経』鹿鳴を模倣して、鷹狩りに出た際にこの歌を詠んだ。しかし、『日本後紀』は、本来『詩経』鹿鳴が描写するような落ち着いた宴会とは異なり、六十歳を過ぎた桓武天皇の老いてもなお盛んな様子を記している。「飲酒高会」という語は、『史記』項羽本紀を典拠とする。この語は寒いときに士卒が疲弊し、民草が飢え貧しいにもかかわらず、将軍が大きな宴会を催した文脈で使われており、よい意味ではない。さらに狩猟に出て「夜を冒して」宮廷に戻ることは中国においては節度ある君主が行う行為ではなかった。日本の歴史官は中国の典拠を踏まえて書くことがほとんどであるから、この記事を含む『日本後紀』を編纂した藤原緒嗣（藤原式家）は、桓武天皇の遊興を批判的に描いているといえる。藤原緒嗣と空海との関わりは第3章で見ることにする。

また桓武天皇は皇位につく前は多くの妃を抱えていたわけではなかったが、四十五歳で即位すると積極的に多くの妃を迎え入れ、多くの子をなした。後宮が急拡大していくのを空海は若い日に目の当たりにしている。多くの后を抱えることは性的放縦の印象を与え、多額の出費をともなう点で政治的規律として望ましいものではないが、当時の官僚組織にとってはそれだけが問題ではなかった。老年になっても多くの后との性的行為をつづけることは健康を損なう可能性があり、中国の房中術という性行為に関わる技術書で慎むべきこととされていた。

典薬寮の怠慢と晩年の死の恐怖

当時としては老齢であった桓武天皇がこのように豪快に遊猟し、性的に放縦であることは、政治面の問題も露呈した。天皇を官僚が諫めないことは、当時の官僚組織にとって問題であった。というのも天皇の御体・健康を護持することは、官僚にとって最重要の役割であり、中でも典薬寮は中務省に属する内薬司とともにその役割を担っていた。典薬寮は天皇の心身を保護する医博士、針博士、按摩博士、呪禁博士といった博士職を抱え、重要な役割を担っていた。

天皇に仕える官僚や武人たちが参加する宮中の年中行事には、典薬寮が菖蒲草を奉る五月の観馬射式と、薬を奉呈する十二月の進御薬式があった。つまり典薬寮は天皇の体調不良や病の流行という緊急事態だけでなく、平時でも朝廷において重要な任務を担っていた。

空海が『聾瞽指帰』を著したとき桓武天皇は六十歳を超えており、当時としては明らかに老齢であった。その天皇が狩猟や後宮で放縦に振る舞うのを諫める医療官僚がいなかったことになる。典薬寮で学ばれ、実践されていた知識は道教そのものとは異なるが、房中術（性交による養生術）や本草学（薬草・薬石に関する知識）など長生・養生に関係が深かった。

桓武天皇の晩年に話をうつそう。プロローグでも触れたが、桓武天皇は老年になり、死を感じるようになると、それまで仏教界に厳しい綱紀粛正を求めていたのとは打って変わって、一気に態度を軟化した。すでに述べたように、桓武天皇は懈怠の僧侶を許したり、法相宗の僧侶を招き鷹や犬を放したりしている。また藤原種継暗殺事件で大量に処断した人物を赦免し、事件当時にはすでに亡くなっていた大伴家持の官位はく奪を撤回して名誉回復をはかっている（『日本後紀』八〇六年）。このように桓武天皇の晩年は死後の報いを恐れるかのような方針の転換が見られる。

いままで述べたことから分かるように、桓武天皇は政治家としてさまざまな改革に情熱を注いだ君主であっただけでなく、個人としても尋常でなくエネルギッシュな人物だったということができる。もとは皇位につくことを予定されず、官僚組織を教育する大学頭につくなかで温めていた、理想的な政治のあり方を、皇位についてから矢継ぎ早に実現に移したのも要因であろう。桓武天皇の中国趣味によって、中国古典を金科玉条のように奉っていた当時の大学に、さらに輪をかけて押し付ける形になった。そのような中で若い日の空海は官僚として仕えるべく大学で学んでいたのである。

これらを踏まえた上で、大伴・佐伯氏という天皇に対して最古の忠を誇る氏族伝承の中で生きていた空海にとって『続日本紀』という歴史書の編纂がどういう意味をもつのかをこれから見ていくことにしよう。

『続日本紀』から探る空海の自己意識

よく知られている通り、日本最古の勅選歴史書は七二〇年に編纂された『日本書紀』である。それに桓武天皇が完成させた歴史書である『続日本紀』が続く。ここでは『日本書紀』『続日本紀』における大伴・佐伯氏の位置をあえて単純化して示したい。

『日本書紀』は佐伯氏と大伴氏にとって栄光の書であった。『日本書紀』神武天皇紀では大伴氏の祖である日命について記録される。日命は神武天皇から「汝は忠にしてかつ勇である。加えて私を大和に導き入れる功績があった」とたたえられて、「道臣」という名をたまわったことは既にプロローグで述べた。『日本書紀』の編纂が始まった時期は明確ではないものの、天武天皇の影響力が強い時代であった。そもそも天武天皇の前の天智朝で大伴氏は不遇をかこっていた。大伴氏は神武天皇を大和に導き入れて以来、大和に主たる拠点があったが、天智天皇は大和から近江に遷都したからである。空海が大和を「八咫烏が初めて導いた国」（『性霊集』巻二。図1－8）と呼ぶように、大伴氏は八咫烏の導きによって、神武天皇が大和入りすることを支えたため、大和は誇りある故郷であった。

天智天皇の死後、弟・大海人皇子と子・大友皇子の間で争いが勃発する。壬申の乱である。この乱に際して、大伴氏は乾坤一擲、一族を挙げて大海人皇子に味方した。大伴吹負は、兄の馬来田とともに大海人皇子を次の皇位につくべき人物と考え、旗を赤色にして、たびたび苦戦しながらも大和を制圧し、ついに大海人皇子を勝利に導き、天武天皇として即位させた。大伴馬来田と吹負の兄弟は六八三年に相次いで世を去ったが、天武天皇によって先祖以来の功績をたたえられている。つまり大伴氏は天武天皇のもとで再び栄光を取り戻した。『日本書紀』において大伴氏が神武天皇に仕えた最古の忠臣として描かれるのは、壬申の乱に勝利した天武天皇の影響力が続いている時代に編纂されたことが大きい。

図1－8　空海筆益田池碑銘にある「八烏初導之国」の文字

『日本書紀』に続く『続日本紀』では大伴氏はどのように記述されているのだろうか（表1－1）。『続日本紀』の前半部分には、大伴氏にとってかつての栄光の名残が描かれている。例えば、大伴旅人は七一〇（和銅三）年元旦の朝賀に将軍の筆頭として隼人・蝦夷を率い、佐伯石湯ととも

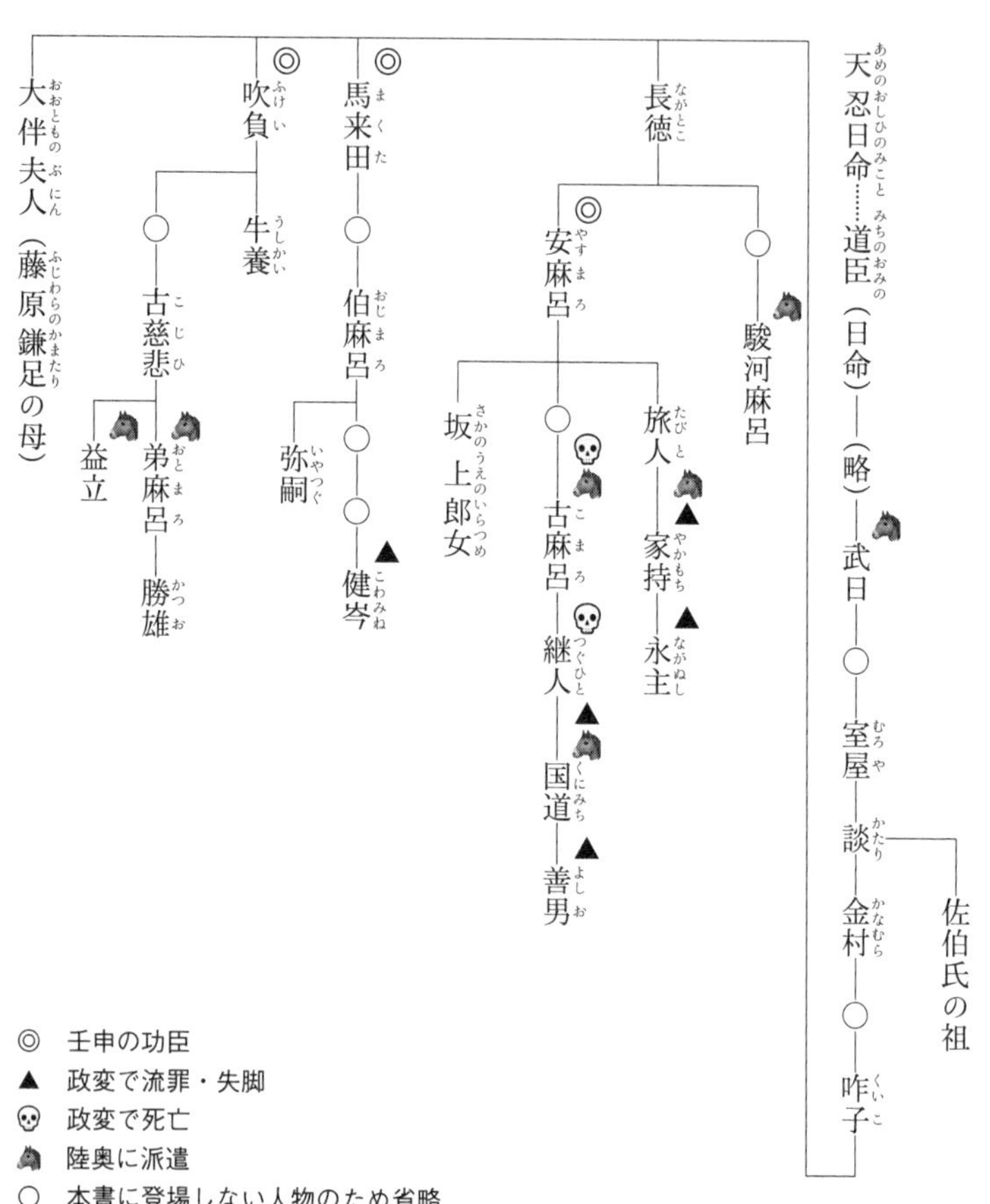

天忍日命（あめのおしひのみこと）……道臣（みちのおみ）（日命）―（略）―武日―○―室屋（むろや）―談（かたり）―金村（かなむら）―○―咋子（くいこ）
佐伯氏の祖
長徳（ながとこ）
安麻呂（やすまろ）
駿河麻呂
坂上郎女（さかのうえのいらつめ）
古麻呂（こまろ）
継人（つぐひと）
国道（くにみち）
善男（よしお）
旅人（たびと）
家持（やかもち）
永主（ながぬし）
馬来田（まくた）
伯麻呂（おじまろ）
弥嗣（いやつぐ）
健岑（こわみね）
吹負（ふけい）
牛養（うしかい）
古慈悲（こじひ）
益立
弟麻呂（おとまろ）
勝雄（かつお）
大伴夫人（おおとものぶにん）（藤原鎌足（ふじわらのかまたり）の母）
◎　壬申の功臣
▲　政変で流罪・失脚
政変で死亡
陸奥に派遣
○　本書に登場しない人物のため省略

図１−９　大伴氏系図

表１－１ 『聾瞽指帰』と桓武天皇による蝦夷征討
（空海の記事以外は『続日本紀』『日本後記』に基づく）

774 年	空海誕生
7 月	海道蝦夷が桃生城を襲撃
8 月	大伴駿河麻呂は蝦夷を「狗盗・鼠窃」のようで大きな害をもたらさないと報告 光仁天皇は駿河麻呂を「首尾」一貫しないと「譴責」
776 年 11 月	出羽国俘囚を大宰府と讃岐に移配
780 年 3 月	蝦夷の首長・伊治呰麻呂が現地支配者からの「凌侮」を恨み反乱 大伴真綱 多賀城より逃走（**宝亀の乱**）
781 年 4 月	桓武天皇即位
781 年 6 月	桓武天皇、賊 4000 人がいるのに対して斬首は「僅か」70 にすぎず、多くが残っていると叱責
781 年 9 月	桓武天皇、大伴益立（大伴古慈斐の子）が進軍しないことを責め、官位を奪う（52 年後に讒訴の結果であったと認められる）
783 年 2 月	桓武天皇、大伴家持を持節征東将軍に任命
785 年 8 月	大伴家持死去、9 月に藤原種継暗殺事件
789 年	桓武天皇、第 1 次征討　征東将軍・紀古佐美
5 月	佐伯葛城、進軍中に没 **巣伏の戦い**　阿弖流為に征討軍大敗
7 月	桓武天皇、「斬賊之首」が 100 に満たないと叱責
791 年 7 月	大伴弟麻呂　征東大使に任じられる
792 年 1 月, 8 月	蝦夷の族長ら王化を願う　懐柔策活発化か
11 月	蝦夷の族長らを長岡京朝堂院にて饗応
794 年正月朔日	第 2 次征討　征夷大将軍・大伴弟麻呂に節刀　副将軍・坂上田村麻呂
4 月	『続日本紀』後半部完成
9 月	長岡より新都に遷り、蝦夷征討を欲すために諸国の名神に幣帛を奉る
10 月 28 日	大伴弟麻呂から「斬首 457」と報告され、同日平安京遷都の詔
11 月 8 日	天皇の高徳を『詩経』に基づき「子来」と讃嘆し、「平安京」と号した
797 年 2 月	『続日本紀』全巻完成
12 月 1 日	『聾瞽指帰』完成
801 年 2 月	第 3 次征討　征夷大将軍　坂上田村麻呂に節刀
802 年 2 月	阿弖流為と母礼　降伏
8 月	田村麻呂らの助命にかかわらず、阿弖流為と母礼処刑される（近年の説は長岡京南の山崎橋・男山）

に朱雀大路を行進したことが記される。元旦朝賀は天皇と臣下の関係を確認するための、象徴的なもっとも重要な儀礼であった。大伴氏にとっては大和朝廷に反抗した部族を従属させた武功を象徴する、栄光の姿であった。

さらに大伴・佐伯両氏族の栄華を象徴する記録を挙げよう。たとえば七四五年に聖武天皇が紫香楽（現・滋賀県信楽町）に遷都したことを祝して、大伴吹負の子・牛養が佐伯常人とともに大楯と槍を門に立てる役割を務めた。また、七五二年の大仏開眼の法要では、大伴馬来田の孫・伯麻呂が佐伯全成とともに大伴・佐伯氏の若者二十名を率いて神武天皇の勝利に起源する久米舞の舞頭を務めた。このように天武天皇の影響が色濃く残る聖武天皇の時代まで、大伴氏は「壬申の功臣」とたたえられ、天皇の最側近の役割を実質的に果たしていた。

しかし『続日本紀』の後半部分では、両氏族に暗雲がたれこめる。大伴・佐伯氏は橘奈良麻呂の変・藤原種継暗殺事件という政変で天皇へ反逆をはかった逆臣として描かれた。そもそも新興の帰化系を重視し、大和から長岡へと遷都を行った桓武天皇や藤原種継は旧勢力である大伴氏と対立する面があったといえる。事実として大伴・佐伯氏が藤原種継暗殺事件に深く関わったのかという問題はおいておく。以前から両氏が桓武天皇の改革に対する抵抗勢力と見なされていたために、暗殺事件をきっかけに桓武天皇の逆鱗に触れて処断されたのだろう。

さらに、神武天皇やヤマトタケルの伝説以来、大伴・佐伯氏が主要な役割を果たしてきた蝦夷征討に対しても、父、光仁天皇と子である桓武天皇の厳しい姿勢が『続日本紀』に記録される。既に述べたように大伴・佐伯氏は伝統的に蝦夷を捕虜としつつ、配下の軍事力に活用してきた。いわば緩やかな懐柔（かいじゅう）・同化（どうか）策をとってきた。それは空海が生まれた七七四年、蝦夷は野犬や鼠のようにすばしこいこそ泥（狗盗（くとう）・鼠窃（そせつ））のたぐいで大きな害をもたらさないと陸奥鎮守将軍・大伴駿河麻呂（するがまろ）が朝廷に報告していることに見られる。しかし光仁天皇はこれに怒り、文字通り「譴責（けんせき）」（厳しくとがめること）している。さらに桓武天皇は「蝦夷の斬首が百にも満たない」と叱責（しっせき）したことが『続日本紀』の最後半に二度記録される（七八一年、七八九年）。

光仁・桓武天皇が行った蝦夷征討に関連して、大伴氏・佐伯氏と蝦夷は単に敵対する関係でなかったことをうかがわせる二つのエピソードを紹介しておきたい。七八〇年に蝦夷の首長・伊治呰麻呂（いじのあざまろ）は現地長官の侮辱を恨み、按察使（あぜち）・紀広純（きのひろずみ）を殺害した（宝亀（ほうき）の乱）。このときに大伴真綱（まつな）だけが蝦夷の包囲から脱出することができ、多賀城（たがじょう）に逃げ込んだ。真綱は人々が助けをもとめてやってきた多賀城を捨ててさらに逃走した。そして伊治呰麻呂は多賀城を焼き払ったという。真綱にとっては不名誉な記録であるが、少なくとも真綱は伊治呰麻呂の怒りや恨みの対象ではなかったようである。また七八九年に第一次征討において征東副将軍・佐伯葛城（かつらぎ）が進軍中に没した直後に、朝廷軍は巣伏（すぶし）の戦いで阿弖流為に大敗している。葛城は朝廷軍の中でも蝦夷の事情に詳しく、交渉役でもあったのだったのだろう。葛城が亡くなったために朝廷軍と阿弖流為とは正面から激突し、朝廷軍は手痛い敗北をこうむったとも考えられる。これらのエピソードは、蝦夷征討を伝統的に長く担ってきた大伴氏・佐伯氏が朝廷と蝦夷との間で緩衝材の役割を果たしていたことを示唆している。

それに対し、桓武天皇は、大伴氏ら将軍たちの蝦夷征討における無様（ぶざま）な姿を『続日本紀』に克明に記録させることで、蝦夷に厳しく対処することを強いたのであろう。大伴弟麻呂（おとまろ）は征東大使に命じられ、まずは懐柔策をとったためか、蝦夷の族長らは次々と帰順する。さらに弟麻呂は初の〝征夷大将軍〟として任ぜられて出征し、桓武天皇の強い叱責に委縮した結果か、蝦夷の首を四五七挙げたことを七九四年に報告すると、桓武天皇はそれを祝(しゅく)するように同日、平安京遷都の詔を発した。

当時の歴史書は天皇による命令で作成され、歴史を永遠に決定するものであったから、このような扱いは大伴氏・佐伯氏の両氏にとって屈辱的であっただろう。それを目の当たりにしたのが佐伯氏に属する空海である。種継暗殺事件によって同族が大量に処断され、蝦夷征討でも叱責され続けた一族は萎縮し、空海にとにかく官職について俸給(ほうきゅう)をもらうことを求めたであろう。若い空海は、祖先である佐伯氏に孝をつくしつつ、桓武天皇に本物の忠を捧げるとはどういうことかと問われた。それに対する回答が『聾瞽指帰』であった。

空海の友・大伴国道(くにみち)

八世紀における大伴・佐伯氏の位置をさらに理解するために、後年、空海と親交が深かった大伴国道について紹介しておく。大伴国道の祖父は大伴古麻呂(こまろ)で、父は大伴継人(つぐひと)である。大伴古麻呂は橘奈良麻呂の変で、大伴継人は藤原種継暗殺事件でそれぞれ処刑された（前出の図1－9参照）。国道も暗殺事件に連座して、佐渡(さど)に流罪となったが、桓武天皇の晩年に恩赦によって都に戻っている。日本史上で祖父・父が異なる政争で二代続いて処刑された人物は大伴国道ぐらいではないだろうか。大伴国道の息子の伴善男は大納言に昇進したが、八六六年に応天門(おうてんもん)の変で失脚した。その後、大伴氏は朝廷において重き位置を占めることはできなかった。ちょうど空海の前後の時期に生きた大伴国道を含むこの四世代は、大伴氏が政争のなかで敗北していく過程をよく示している。

八二八年、空海は大伴国道が陸奥（現・東北地方）に派遣されることになった際に次の手紙を書いている。

日本武尊率左右将軍武彦・武日命等征之……日命則君之先也

ヤマトタケルは左右の将軍として吉備武彦と大伴武日を率いて蝦夷を征伐しました……武日命はあなたの祖先です。

緇素区別　僧侶であるわたくし空海と在家者のあなたとは違いがありますが、

伴佐昆季　大伴氏と佐伯氏は兄弟のような間柄であるように親しい関係です。（『性霊集』巻三）

この手紙では、大伴氏の祖・武日が「君（大伴国道）」の祖であり、大伴・佐伯氏が兄弟のような同族であること、さらに延暦年間に蝦夷が反乱を起こし、桓武天皇が大伴弟麻呂を派遣したことを述べている。古くより八世紀にかけて、蝦夷征討の舞台となった陸奥には、大伴氏と佐伯氏が鎮守将軍・陸奥按察使・陸奥国司などとして現地に派遣されていた。大伴古麻呂・大伴家持とも陸奥鎮守将軍・陸奥按察使をつとめ、橘奈良麻呂の変で自害した佐伯全成は陸奥国司をつとめていた。陸奥に空海の友人である大伴国道が派遣されたことは、大伴氏・佐伯氏が蝦夷征討の中で重要な位置にあったことの典型的な例でもある。

「われわれ大伴・佐伯氏は〈大王のへにて死なめ〉」

佐伯氏と大伴氏の同族伝承には、他に著名なものとして次のようなものがある。聖武天皇は東大寺盧舎那仏の前で、陸奥の国から金が産出したことに感謝する詔の中で、大伴氏の功績をたたえた。この詔を受けて大伴家持が「陸奥国に金を出す詔書を賀す歌」を和している。この歌の一部は近代になって軍歌として著名な「海ゆかば」の歌詞となった。家持は大伴・佐伯の同族伝承に触れ、「我々は言葉の官であって、弓や太刀を身に着け、天皇の門を守るのは我々である」と高らかに歌い上げる。大伴家持は我ら大伴・佐伯氏は天皇の最近辺にあって忠誠をつくすべきと一族に訓令した。大伴家持は同じ歌で「われわれ大伴・佐伯氏は天皇のお側で命を捨てて死のう〈大王のへにて死なめ〉」ともうたい上げた。この訓令は大伴そして佐伯氏に連なる空海にも一族の規範として示されたと言える。空海は出家するにあたり、一族の「雅訓」に答える必要があった。

両氏族が天皇に最も近いところで仕えてきたことを端的に示す例を二つ挙げよう。その一つは古代の宮城十二門における大伴門と佐伯門の名称である。以下の説明は図1-10を適宜参照されたい。もう一つは天皇の即位において行われる大嘗祭における大伴・佐伯両氏の代表が担った開門の役である。

宮城十二門とは古代の都の中枢である宮城の内外に通じる門である。それらの門は古代より天皇の警護に当たってきた氏族の名がつけられている。

宮城十二門の主要な正面の門は、一般に朱雀門として知られるが、古くは大伴門という名称であっ

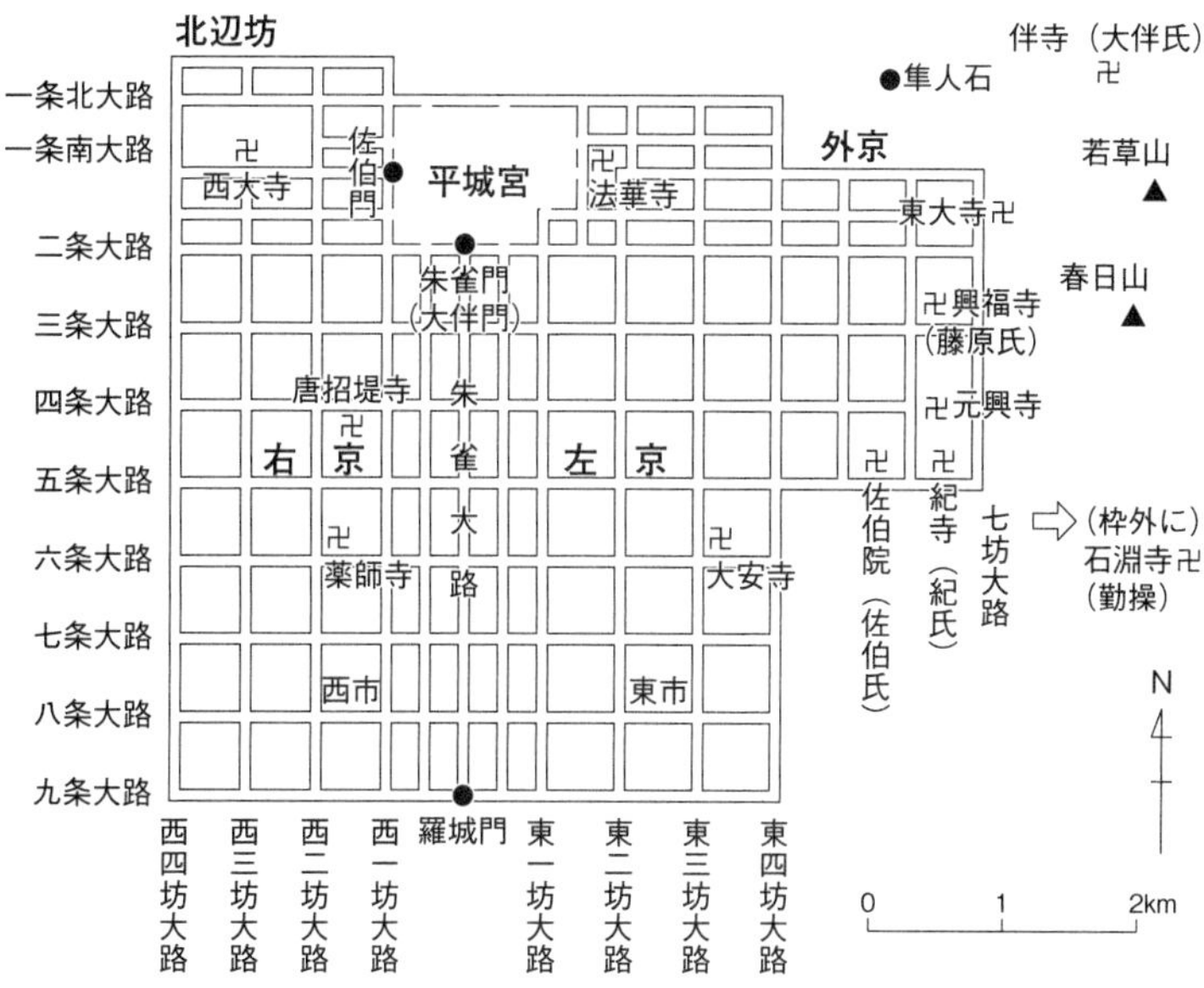

図1－10　平城京における朱雀門(大伴門)・佐伯門・佐伯院・伴寺

た。そのことからも大伴氏が天皇の警護に中心的な役割を果たしてきたことが知られる。また玄武・白虎・青龍とともに中国の四神獣の一つである朱雀は丹鳳と同じ意味で、朱雀門は唐王朝においては丹鳳門と言われてきた。プロローグでも見たが、「丹鳳」は『聾瞽指帰』の序文にも見える。大伴氏の支援を受けて壬申の乱に勝利した天武天皇は晩年に「朱鳥」という元号を用いた。空海は「丹鳳」という語で天武天皇に重用された同族の大伴氏を暗示しているのは明らかだろう。なお佐伯門は宮城十二門の西側にあたり、平城京では西大寺方面に向かっていた。

皇位継承にあたって最も重要な儀式として大嘗祭がある。『続日本紀』には七七一年の光仁天皇の大嘗祭の様子が詳細に記される（図1－11）。そこでは古代から天皇に忠を尽くしてきた軍事氏族が象徴的な役割を果たす意義があった。この大嘗祭の儀礼で、物部氏は同族の榎井（えのい）氏の代表とともに楯桙（たてほこ）をたて、大伴・佐伯氏の代表は開門の役を担った。光仁天皇の大嘗祭では大伴古慈斐（こじひ）・佐伯今毛人（いまえみし）が開門の役割を担っている。空海にとって大伴・佐伯氏が大嘗祭で担う開門の役割は、両氏の忠節を象徴する誇らしい儀礼であったはずである。

図1－11　大嘗祭で南門にひかえる佐伯氏（上）と伴氏（下）
（宮内庁書陵部所蔵『大嘗祭図』より部分図）

空海が八歳のときに挙行された七八一年の桓武天皇の大嘗祭でも、大伴・佐伯氏が開門の役を担ったはずである。しかし、光仁天皇の時と比べると桓武天皇の大嘗祭は簡潔に記されており、大伴・佐伯氏の誰が開門を担ったかは記録されない。この四年後に大伴・佐伯氏が種継暗殺事件に関わったために記事が抹消されたとは単純にはいえないが、その事件に関わることとなる両氏の主要人物である大伴家持や佐伯高成が、開門の役目をつとめた可能性は高い。大伴・佐伯氏の主流が多く処断された種継暗殺事件を、空海は十一歳で経験した。このとき、古来の儀式を躊躇なく変革しようとする桓武天皇によって、両氏の誇りであった大嘗祭における開門の役目が今後継承されなくなる、と空海は予感したのではないか。このことは第3章で見てみたい。

八世紀後半における古代氏族の役割の変化

ここまで述べてきた通り、空海を当時の時代のなかで理解するには、八世紀後半に古代氏族の役割が大きく変化した状況を踏まえる必要がある。古代には大伴・佐伯氏以外にも多くの氏族が興亡した。時代をさかのぼって七世紀までの飛鳥時代には、政治的対立は氏族間の武力闘争によって解決されていた。五八七年の蘇我・物部の争いから、六四五年の中大兄皇子（後の天智天皇）と藤原鎌足（藤原氏の祖）によるクーデターによって蘇我本家が排除された乙巳の変、そして六七二年の壬申の乱に至るまで、大和に拠点を置く諸氏族の思惑により武力闘争が絶えなかった。闘争には武力を必要としたから物部氏・大伴氏といった軍事氏族は大王・天皇に対して大きな影響をもっていた。

壬申の乱以後、奈良時代になると、政治的対立の解決のために異なる氏族間で大規模な戦闘が行われることはなくなった。確かに藤原広嗣の乱（七四〇年）・藤原仲麻呂の乱（七六四年）といった戦闘は起こったが、これは藤原氏の一部を誅殺することで収まった。以降は、天皇と有力貴族が中心となって、律令（法令）を整備し、官僚機構が統治するようになっていった。

平安時代に栄えた藤原氏はもともと祭祀を司る中臣氏より発した。藤原鎌足・藤原不比等は最初は位が高くなかったが、不比等の娘・光明皇后をはじめとして、娘たちを次々に天皇と婚姻させるという積極的な働きかけにより、軍事力を伴わずに政争を有利に進めるようになった。前近代においては、一族の権力を伸長させるには戦争と政略結婚という二つの方法があった。藤原家はヨーロッパのハプスブルク家のように婚姻により権力を拡大していった。藤原氏が勢力を伸ばすそもそものきっかけは、大伴氏との婚姻にあったとも言える。

『藤氏家伝』は大伴氏出身であった大伴夫人（大伴智仙娘）が藤原鎌足を生むエピソードについて詳しく記述し、その量は鎌足の父の記述よりも多い。乙巳の変というクーデターで、藤原鎌足は蘇我入鹿を宮中で暗殺することに成功した。これは宮城護衛を統括していたのが母の出身・大伴氏だったことが大きかっただろう。また、光仁天皇の大嘗祭で開門をつとめた大伴古慈斐は藤原不比等の娘を妻にめとった。橘奈良麻呂の変では、光明皇后が大伴・佐伯両氏に古くからの忠を思い起こさせ、藤原氏と大伴氏の間に婚姻関係のあったことを語り、なだめようとしている。このように藤原氏は草創期には勢力伸長のために大伴氏との婚姻関係を利用していた面がある。時代が下って、大伴氏の家長であった大伴家持が、権勢を誇る藤原仲麻呂から孫と家持の娘を結婚させてほしいと頼まれた際には断っている（『万葉集』）。家持には一族の没落を感じつつも、祭祀氏族からの成り上がりと見なしていた藤原氏に対する、大伴氏の矜持があったのかも知れない。

一方で中小の氏族の動きはどうだったのだろう。古くは古墳や埴輪を作り、大王の葬送に関わる氏族であった土師氏は、古墳のような大規模な葬送が行われなくなったために、官僚組織の中心的役割であった学者への転換を図っている。平安時代に有名な菅原道真らを輩出する菅原氏や多くの学者を輩出する大江氏はこの土師氏の流れを汲んでいる（ちなみに中国地方の戦国大名・毛利氏は大江氏を通じて土師氏にさかのぼる）。

古来、天岩戸伝説にも登場する、祭祀をつかさどる氏族に中臣氏と忌部氏の二つがあった。この二つの祭祀氏族は第3章で紹介する天岩戸伝説に登場する。このうち、中臣氏から藤原氏を出したこともあり、中臣氏は次第に忌部氏を圧して重要な祭祀を独占していった。それに対して斎部広成（平安初期に忌部を改姓）は八〇七年に『古語拾遺』を著し、中臣氏の独占が不当であると主張して、古くからの祭祀における忌部氏の重要性を訴えた。しかしこの試みは失敗に終わり、忌部（斎部）氏は宮廷祭祀の表舞台から退いていった。『古語拾遺』は古代天皇の即位を考える点できわめて貴重な文献であり、第3章で改めて扱う。

桓武天皇の時代には、先ほど述べたように桓武天皇の生母である和氏をはじめ百済系の氏族が伸長した。百済王氏からは桓武天皇の後宮に複数入り、寵愛を受けたものもいた。桓武天皇の最側近、菅野真道も百済系氏族で津連から改姓した。菅野真道とともに『続日本紀』を編纂した中科巨都雄も同じく津連であった。軍事面では従来、大伴氏・佐伯氏・紀氏といった古来の軍事氏族を蝦夷征討の将軍として多く任命してきた。それに対し、桓武天皇は新たに、百済から渡ってきたとされる坂上氏から田村麻呂を採用している。

このように八世紀後半から九世紀初めにかけて、古くからの中小氏族は生き残りをかけ、過去の役割から転換したり、古代への復帰を唱えたりした。桓武天皇のもとでは新興とも言える帰化系氏族が重用されていった。

このような時代の中で古来の軍事氏族として名門であった大伴氏は、存在意義の転換をうまく図ることができなかった。空海と同世代の大伴・佐伯氏には柔軟さを欠いたぎこちないエピソードを持つ人物がいる（伴弥嗣・佐伯清岑）。軍人の実直さを信条としたために大伴氏は虚々実々に満ちた陰湿な政争には勝ちえなかったとも言える。大伴氏は橘奈良麻呂の変以降もいくつもの政争に敗れ、中でも藤原種継暗殺事件は大伴氏・佐伯氏が退潮する決定的な出来事であった。このことは紀伊の大伴氏出身と見られる景戒が『日本霊異記』で振り返る自己の記憶にも見られる。

そのような時代に、空海は律令制度を支える官僚を養成する大学で学ぶことになった。過去の栄光にすがり、現在の境遇を呪うのみでは新たな命を得ることはできない。空海は親族の集まりの中で、自分たちを排除する桓武天皇に対して愚痴を述べたり、過去の栄光にすがったりして自己を慰めているのをたびたび聞かされたに違いない。ただ空海は愚痴を繰り返すのではなく、新しく進むべき方向を仏教に見いだした。二十四歳の空海には具体的な道はまだ見えていなかっただろう。だが、それは古代氏族としての命脈をいたずらに続けることではなかった。天皇を超える存在としての釈尊に仕えることによってこそ、真の忠孝を果たしうるという確信を『聾瞽指帰』で表そうとした。第2章以降ではこの視座から『聾瞽指帰』を本格的に読んでいく。

これまで空海の生きた時代を概観することで、空海の自己意識と『聾瞽指帰』執筆の動機を読み解いてきた。つぎは同書が中核的なテーマとする儒教・道教・仏教が当時どのような関係にあったか詳しく見ていこう。

4　空海の時代の儒・道・仏

空海の修学時代と儒学

空海は当初官僚となるべく儒学の学習から出発した。まず、空海が自ら過去を振り返った記述から儒教との関わりを見てみよう。その記述が見られるのは、すでに引用した『三教指帰』の序文である。

> 余年志学就外氏阿二千石、文学舅伏膺鑽仰。二九、遊聴槐市、拉雪蛍於猶怠、
>
> 私は十五歳（志学）のときに、母方の叔父で文章博士でもあった阿刀大足について学問にはげみ、十八歳で大学に入り、蛍雪の功にならって苦学した。（序文・三頁）

七八八年、空海は母方の叔父である阿刀大足を頼り長岡京に上京し、大学に入学するまで教えを受けたという。阿刀大足がつとめた文章博士や大学とはどのようなものだったのだろうか。当時の大

学は現在の大学とは大きく異なる。当時の日本には公的な教育機関として国学と大学があった。武蔵国（現・東京都と埼玉県、神奈川県）や讃岐国（現・香川県）といった昔の〝国〟の区分ごとに国学という豪族子弟を教育する機関が設置されていたのに対し、大学は都に一つおかれるだけであった。空海は大学入学前に讃岐国の国学で学んでいた可能性もあるが明らかでない。当時の大学の制度は七五七年に施行された『養老令』の学令に定められていた。

大学の入学資格は五位以上の貴族の子や孫および東西の史部の子に限られていた。東西の史部とは東漢氏など大陸からやってきた帰化系の一族で、彼らは漢字に熟達していたことが入学資格の背景にあった。それ以外に八位以上の官人の子は条件付きで入学が許された（学令第二条）。庶民でも入学が許された例もあるが極めてまれであった。空海の場合、地方の豪族である父親の地位から言えば大学入学は認められにくい立場にあった。また年齢も十八歳と規定の十六歳以下を満たしていない。空海の大学への入学が特例的に認められたのは阿刀大足の尽力によるところが大きいとされている。

空海が生まれたときに都は平城京であった。そして大学に入った十八歳のときに都がおかれていたのは長岡京ということになる。

空海の『聾瞽指帰』執筆までの足跡

十一歳（七八四年）　長岡京遷都
十五歳（七八八年）　阿刀大足について学ぶ
十八歳（七九一年）　大学入学

二十一歳（七九四年）　平安京遷都
二十四歳（七九七年）　『聾瞽指帰』執筆

長岡京の建設責任者であった藤原種継が七八五年に暗殺され、七九二年には二度の洪水にみまわれるなどして、十年たらずで平安京に都が遷ることになった。そのため空海が最初に学んだのは長岡京におかれていた大学であったと考えられる。そして空海が二十四歳で大学での学習と決別し、僧侶としての道を本格的に歩む間に、大学は平安京に移転していたのであろう。

当時、大学は最高の教育機関であった。明治時代に京都帝国大学が設立されるまでは唯一の大学であり、官吏養成機関としてスタートした東京大学に類比させることもできる。大学は貴族子弟への教育に加え、公的文章を中国の典拠を巧みに用いて起草する官吏を養成することが主たる目的であった。

阿刀大足がつとめた「文章博士」は当時さまざまな博士がある中で官位が最も高かった。現在でいえば教授の中でも特に選ばれた最高の教授ということになる。博士の下には助教二名と直講二名がいた。空海の古い伝記である『空海僧都伝』によると、空海は讃岐出身の大学博士である岡田牛養と直講である味酒浄成から学んでいる。

阿刀大足が講じていたのは、今でいうと歴史学・文学の分野であるから、文学部の教授のように見える。ただし、当時の法律にあたる律令を教授する律学博士（明法博士）や、工学部や理学部にあたる算学を教授する算博士よりも文章博士の方が位階としての地位は高かった。当時の公的文書作成には儒学をはじめとする中国古典の知識が必須だったからである。代表的文人で元皇族でもあった淡海

図1－12　孔子

三船が七七二年に文章博士をつとめたことで、文章博士の地位はさらに向上したと言われている。

また阿刀大足は「文学」という伊予親王の侍講（教育係）をつとめる役職についていた。伊予親王は桓武天皇の皇子で、異母兄の平城天皇が即位した後に謀反の疑いをかけられて自殺した（52頁、図1－7）。空海の入唐留学に対して伊予親王は多大な援助を行っていたという説がある（高木訷元［一九九七］）。

孔子を崇拝対象とする大学

当時の大学で学ぶことは儒学と中国古典を学ぶことと同じであった。大学ではさらに儒学の祖である孔子を祀る釈奠という祭祀も年に二度、二月と八月に実施されていた（学令第二条）。『聾瞽指帰』に関わる儒教の教科書を見てみると、『論語』『孝経』は中国では初学者が学ぶものとされていたが、日本では大学の学生の必修として指定されていた（学令第五条、第七条）。『論語』『孝経』の書きつけが奈良時代の木簡に見られることから、下級官僚にまで広範に学習されていたことが分かる。空海は『聾瞽指帰』の中で『論語』『孝経』を使って伏線を忍ばせている。これは識字階級の必須の教養だったからである。

その他に儒教の五経が教科書とされていた。五経とは『周易』、『尚書』、礼（周礼、儀礼、礼記）、『詩経』、『春秋』である。ここでは空海が『聾瞽指帰』で効果的に用いた『詩経』と『尚書』について少し詳しく見ておこう。なかでも当時の大学で学ばれていた『詩経』に対する特徴的な理解は『聾瞽指帰』が諷刺の書であることを理解するために重要である。

『詩経』は三百ほどの詩からなる中国古代の詩集で、国風・雅・頌の三つに大きく分かれている。孔子が礼と詩を弟子の必修としていたことは『聾瞽指帰』にも記述される（巻上・三六頁）。『詩経』には詩そのものの他に大序・小序があり、これらの序は漢の毛亨が書いたとされる。毛氏が伝えた『詩経』であるために『毛詩』ともいわれる。詩自体は比較的素朴な内容をうたうのに対し、大序・小序は儒教的倫理観に基づいて内容を解説している。『詩経』の大序は詩の六つの意義を挙げている。以下はその六つのうち「風・比・興」について述べている箇所である。

> 風とは為政者はこれをもって下、人民を風化し、人民はこれをもって上、為政者を諷刺し、比・興をかりて辞に文を持たせ、これによって婉曲に相手を諫めれば、下の言う者は罪を被ることなく、上の聞く者はそれでみずから戒めるに足ることを意味する。
>
> （『中国古典文学大系15』目加田誠訳、平凡社、一九六九年、四九五―四九六頁）

つまり詩は為政者を諷刺したり、婉曲に諫めたりすることと密接に関係している。国風・雅・頌はそれぞれ複数の詩からなり、それぞれに対して小序が解説としてつけられている。たとえば『詩経』大雅・蕩之什を見てみよう。この詩は、周の文王が殷の暴君・紂王の暴政を嘆くさまをうたっている。それに対して毛伝の小序は次のように解説する。

周の第十代の厲王は無道の政治を行い、綱紀が失われた。それに対して穆公が周の王室が崩壊していたのを傷んでこの詩を作った。

小序によれば、詩の内容自体は殷王朝の最後の王で暴君であった紂王の時代を歌っているが、それにことよせて目の前の無道の政治をいたんでいる。つまり詩は過去を振り返るようでいて、現在の状況を諷刺していると小序は解釈する。詩そのものから読み取りづらい小序の儒教的解説は、詩とセットで大学で学ばれていた。空海は詩から一部の語句を引用しながら、詩全体や小序の解説を読者に想起させている。

『尚書』は周王朝の立場から、堯や舜といった伝説的な聖王や夏王朝・殷王朝を記述する。そこには夏王朝・殷王朝をそれぞれ滅ぼす暴君である桀や紂だけでなく、その交代を待ち望む民衆の姿が描かれる。当時の官僚は『詩経』や『尚書』を踏まえて文章を起草していた。

空海は大学で学んだ『論語』、『孝経』、儒教の五経を巧みに踏まえて、『聾瞽指帰』を諫言として著した。当時の大学で教育をうけた読者には、暗示的な諷刺も理解できたはずである。

高級官僚への約束手形――秀才と進士

若き日の学生は大いなる野心を秘めている。空海や同輩は何を目的に大学で学んでいたのだろうか。

当時の大学で学ぶ学生たちは最終試験で優秀な成績を収めて、出世を確かにすることを目的としていた。今でも国家公務員試験で上位の成績を収めることが、官庁におけるその後の出世に密接に結びつくことと重ね合わせることができる。

当時の成績最優秀者の称号として秀才・進士がある。『養老令』によると秀才・明経・進士・明法の四つの任用についての規定がある（学令第二十九条）。

秀才になる試験を受けるためには、文章生から特に選ばれて文章得業生となり、その数年後に秀才試（方略試・対策）を受けなくてはならなかった。試験では「大事の要略」（国家戦略）を問う方略策と呼ばれる論文二題が出された。秀才の試験で解答する「対策」とは、もとは中国において君主に政治的課題を問われた臣下が、策を提出して答えることを指した。空海の時代にいたるまでに日本でも多くの対策文が作成されてきた。

進士の試験では政治課題が提示され、受験者はその解決策を時務策として回答する。当時の日本で時務策の模範とされたのは、唐の時代に魏徴という人物が著した「魏徴時務策」であった。魏徴は唐の太宗に仕え、しばしば諫言を行ったことで著名な人物である。「魏徴時務策」はごくわずかな逸文しか現存しないが、空海の時代には参考書として用いられていた。『聾瞽指帰』にも「魏徴時務策」に基づいたと考えられる箇所がある。

空海はまず同輩と同じように高級官僚を目指し出世の約束手形を得るべく、これらの試験で好成績を収めようと勉強をしたことだろう。秀才・進士の解答を作成するために学ぶ内容は共通することが多かった。幸いに空海の時代に近い時期に作成された対策・時務策の解答がいくつか『経国集』に残っている。それらは二十代の優秀な官僚候補者の答案で、空海と同じ立場であった当時の官僚候補生の息吹を伝えている。『聾瞽指帰』と当時の対策文とでは四六駢儷体という美文体や語句・典拠が共通している。実際に『聾瞽指帰』の一部は対策文の模範解答としてそのまま通用する。『経国集』の対策文には忠孝や老荘思想を題材とする対策がある。なかでも忠と孝とをどう位置付けるかは当時の朝廷が重視する話題であった。空海が『聾瞽指帰』で忠孝の問題を、時にパロディとして扱っているのも、それが当時の読者によく知られていた問題だからである。これまで見てきたように、桓武天皇は種継暗殺事件で大伴・佐伯氏を大量に処断する一方で、新興の帰化系氏族を重用していった。このような時代状況の中で、最も古くより天皇家に仕えた佐伯氏に属する空海にとって、忠孝の問題はまさに自己の存在をかけた重い課題であった。これについては第2章で詳しく見ることにしたい。

奈良時代における儒仏混交

ここからは『聾瞽指帰』に見られる儒教の特徴を見ておこう。『聾瞽指帰』で儒教の立場を代表するはずの亀毛先生は、ときおり自説を補強するために仏教の教えに基づいて述べている。これは儒教と仏教を混同しているというよりは当時の時代背景の中で理解できる。甥の蛭牙公子のひごろの行いがひどいことを、兎角公は亀毛先生に訴える箇所で次のように述べている。

蛭牙公子は因果の道理を信ぜず、応報の教えを否定しています。

（巻上・二三頁）

このように過去の善業が原因となって未来に良い果報（結果）をもたらすと説くのは仏教の特徴である。

次に亀毛先生が蛭牙公子の酒・女・食に対するあくなき欲望を諫めるところで、やはり仏教の教えを持ち出している箇所を見てみよう。

> 草の葉ずえに滴るほどの酒さえ禁じた仏陀の戒めもないがしろにし……日に麻子一粒しか口にしなかったという仏陀の精進を責むべくもない。
> （巻上・二八頁）

> 女人への愛欲を老いたる猿、毒蛇で戒めた仏陀の観法など念頭におくよしもない。
> （巻上・二八頁）

> たまたま仏寺に入って仏像を目にしても、おのれの罪過を懺悔しようとはせず、……。
> （巻上・二九頁）

このように亀毛先生は儒教を説く人物とは思えないほど仏教の話を引いて蛭牙公子を戒めている。これらの話の多くは『大智度論』や『法華経』といった著名な仏教経典や論書に基づいている。亀毛先生は蛭牙公子を説得するのになぜ仏教の教えを持ち出しているのだろうか。

奈良時代の日本では儒仏協調を説く『顔氏家訓』という中国の文献が広く受容されていた。『顔氏家訓』とは中国南北朝時代の顔之推（六世紀）という学者が子孫のために著した家訓である。顔之推自身は儒学に通じた人物であったが、『顔氏家訓』には仏教への帰依を説いた帰心篇がある。そこでは仏教を「内」とし、儒教を「外」としている。一見、中華思想を信条とする中国人が、外国から来た仏教を「内」として、中国固有の儒教を「外」としているのは奇異に思われる。しかしこの内とは人間の内面、心の中を指している。この時代は儒教の権威が落ちていた時代であり、知識人にも戦乱の中で心の安定を説く仏教を信奉する気持ちが強かった。『顔氏家訓』では儒教の五常と仏教の五戒が対比されるべきものとして描かれている。

空海に先立つ奈良時代の代表的文化人として吉備真備は『私教類聚』の中で『顔氏家訓』を多く引用し、儒教と仏教の二教をあわせ学ぶ二教院を設立した。奈良時代の文人である石上宅嗣の「芸亭式」も一部で『顔氏家訓』をほぼそのまま引き写す形で使っている。

このように、『顔氏家訓』を広く受容していた奈良時代では儒教と仏教が対立することはなく、混交することが一般的であった。

道教の神仙世界のイメージ

では、当時の道教はどうであろうか。『聾瞽指帰』における空海の道教理解は老荘思想に基づくことは少ないとされる。一方、多くの箇所で晋の葛洪の著作である『抱朴子』（四世紀前半）に基づき、神仙思想に偏っていると言われている。

奈良時代には、道家の典籍や神仙世界が知識人に広く知られていた。中国古代の『老子』『荘子』

に基づく思想を老荘思想という。『藤氏家伝』によると藤原不比等の長男・藤原武智麻呂（藤原南家）は儒教・仏教の他にも『老子』『荘子』に『周易』を加えた「三玄」という道家文献群に通じていたという。空海が設立した綜芸種智院（庶民に給費制で教育を提供した学校）では、儒教、道教、仏教が教授され、道教の教科書としてこの「三玄」が使用された（『性霊集』巻十）。

　神仙世界とは、神秘的な自然のなかに神話的人物や仙人が登場する理想郷で日本でも人気のテーマであった。後に述べるように、当時、道教や仙道は儒教を重んじる朝廷から警戒されていたが、朝廷に仕える文人には神仙世界へあこがれを持つものも少なくなかった。神仙世界は中国の理想世界ということができる。中国の東の海のかなたには蓬萊・方丈・瀛州という神秘的な三つの島があり、そこには不老長生の薬があるとされた。漢の武帝は、それらを再現して庭園内の太液池に蓬萊・方丈・瀛洲・壺梁の諸島を作らせたという（『史記』封禅書）。中国の西の果てには崑崙山があり、そこには西王母という最上位の仙女が住み、食すると不老長生となる桃を有しているとされていた。神秘的な相貌を持つ五岳に対する信仰も存在した。これらの三つの島、崑崙山、五岳は日本でも中国から伝わった庭園や絵画によって広く知られ、奈良時代の詩文集『懐風藻』にもしばしば詠まれ、神仙世界のイメージを形作っていた。

　現在の奈良県にある吉野や宇陀といった地域は、幻想的な霧が発生することで知られ、神仙世界を想起するのに格好な場所であった。桓武天皇が中国風の祭祀を行った交野（大阪府）も、同様に神仙世界を思い起こさせる地であった。桓武天皇が平安京に作らせた庭園、神泉苑も中国の庭園を模倣して神仙世界のモチーフをふんだんに取り込んだものであったろう。

かぐや姫で有名な竹取物語の原型ともされる「竹取の翁」（『万葉集』）も、中国の神仙世界の物語を踏まえている。「竹取の翁」は、後のかぐや姫のイメージとは異なり、老人と仙女との邂逅を主なモチーフとしている。これは『文選』における ロマンティックな楚の宋玉の賦や『遊仙窟』などの仙女との邂逅の物語との親和性があり、後のかぐや姫からイメージされるよりはるかに中国風である。神仙の精神世界は道教と結びついて日本で受容された。『聾瞽指帰』の道教の記述は、このようなイメージに基づいている（巻中・一〇六、一一〇頁）。

また中国の魏晋時代（三世紀）には、当時の血なまぐさい争いに利用された儒教に反発して、『老子』『荘子』に傾倒する知識人が現れた。この時代に流行した清談の代表的人物として、竹林の七賢である嵆康・阮籍を慕う風潮も日本では見られた。竹林の七賢は『万葉集』『懐風藻』に詠まれ、正倉院宝物の金銀平文琴の図柄にも用いられている。なかでも阮籍の特徴的な風貌は『聾瞽指帰』の登場人物の一人で道教を説く虚亡隠士の描写に影響を与えている。

道教への警戒

今まで見てきたように道教の一部としての神仙思想は奈良時代の知識人にかなりの程度親しまれていた。これと対極的に日本の朝廷は公的には道教を警戒していた。

先ほど触れた吉備真備の『私教類聚』の目次に「仙道を用いざる事」とある。目次しか残っていないので具体的な内容はよくわからないが、代表的な高級官僚による道教に対する警戒が見て取れる。その背景を知るのに参考となるのは、鑑真の生涯を記した『唐大和上東征伝』（七七九年）である。

それによると、吉備真備がふたたび遣唐副使(ふくし)として中国にわたったとき、「七五三年に唐の玄宗(げんそう)皇帝が道士を連れて帰ることを求めたが、日本の君主は道士の法をあがめないために、春桃原ら四名をとどめて、道士の法を学ぶこととさせた」とある。

空海が留学することになる唐王朝は中国の歴代王朝の中でも道教を重視したことで知られる。唐王朝の皇帝は李(り)を姓とする。これに基づき唐王朝は先祖を「李耳(りじ)」という名前をもつ老子とした。老子についての最古の伝記は「老子は楚の苦県(くけん)(河南(かなん)省鹿邑(ろくゆう))の人で、姓は李、名は耳、字は聃(たん)という」としている(『史記』老子伝)。しかし現在では老子の実在は疑われている。そもそも唐王朝が、著名な老子をその先祖であるとしたのは出自を飾るためである。唐王朝は他の王朝よりも際立って道教を重視した。楊貴妃(ようきひ)とのロマンスでも有名な玄宗皇帝にその姿勢は強かった。

玄宗が道士を日本に連れていくように求めたことに対して、日本側は留学生に当面中国で学ばせると返答し、先延ばしを図ろうとしたのであろう。当時の日本は唐が重んじるほど道教を受け入れておらず、かえって警戒していたことをうかがわせる。

それではなぜ道教は日本で警戒されていたのであろうか。奈良時代前半の官僚・葛井広成(ふじいひろなり)は「玄儒(げんじゅ)精麤(せいそ)」という対策文の中で、儒家と道家(三玄)を比較し、「道家は父を捨て君主に背(そむ)く独善(どくぜん)である」と低く位置付けている(『経国集』)。また山上憶良(やまのうえのおくら)は「惑(まど)える情を反(かえ)さしむるの歌」(『万葉集』)で道教の信奉者を批判的に詠(よ)んでいる。道教の信奉者は父母を敬いもせず、養いもせず、妻子をあたかも靴を脱ぎ棄(す)てるように顧(かえり)みないからであるという。山上憶良は、そのような人物は形式的に世俗を超越しているふりをしていても、身は俗なままであると批判している。山上憶良の警戒心に見られるのは、道教は日本人を堕落させるという邪教のイメージである。これは日本の朝廷が道教を警戒していた意識と重なるだろう。その他に空海は『遊仙窟』や『漢武内伝』といった文学書からも中国の神仙世界を見聞していた。そして『抱朴子』は教養としてだけでなく、長生をつかさどる典薬寮における知識として受容した。これらを踏まえて空海は『聾瞽指帰』の道教の項目を著し、本章の中盤で記した通り、形式的な道教信奉者や天皇を諫めようとした典薬寮という官僚組織に対し辛辣な皮肉を込めた。

奈良の仏教と南都六宗

最後に、当時の仏教について見ておこう。仏教は五三八年（または五五二年）に百済の聖明王が仏像や経典を欽明天皇に送った際に日本に公式に伝わった。空海が生まれる二百四十年ほど前である。仏教が伝来した最初期には、蘇我氏と物部氏が崇仏派と排仏派に分かれて争った。聖徳太子が崇仏派の蘇我氏に味方して勝利を収めたのをきっかけに、日本全土に広まっていった。飛鳥時代（六二四年）には五十ほどであった寺院が白鳳時代（六九二年）には五百五十程度まで急増している。古代氏族はそれぞれ菩提寺のように氏寺を建立していった。大伴氏に付き従っていた来目氏は久米寺（来眼精舎）を建立したとも考えられ、白鳳期に大きな塔が作られていた。空海の出身地の讃岐でもかなりの数の寺院が建立されていた。

奈良時代になると、平城京とその周辺に東大寺や興福寺などの大寺院が建立され、仏教は大いに隆盛する。氏寺として奈良に現存するのは藤原氏の興福寺のみであるが、紀氏は紀寺を、大伴氏は永隆寺を、佐伯氏は佐伯院（香積寺）を建立していた（65頁の図1－10）。

奈良時代に有力であった仏教を南都六宗という。南都六宗とは倶舎宗・成実宗・律宗・三論宗・法相宗・華厳宗という奈良（北の平安京に対して南都という）に拠点のあった六つの宗を指す。南都六宗のうち、空海は三論宗を中心に学んだ。『聾瞽指帰』の典拠もその修学に基づいている。三論宗はその源流をインドの学僧・龍樹（ナーガールジュナ）に遡る。空海は龍樹（空海は「龍猛」の名称を正しいとする）を重視していた。三論宗は空を中心的なテーマとする龍樹の『中論』などに基づいて、中国の僧侶・吉蔵（七世紀初）が大成した。一方で当時最も隆盛していたのは法相宗であった。法相宗は奈良の大仏建立に協力した行基や政治にも進出した玄昉・道鏡などの僧侶を輩出した。

早良親王と三論宗と空海

桓武天皇は、すでに紹介したとおり、仏教の僧侶に対して綱紀の粛正を何度も厳しく求めた。背景には奈良時代に仏教が繁栄したためにかえって懶惰となった僧侶が多く出たことがあったと思われる。桓武天皇はさらに、最大の勢力を誇っていた法相宗を牽制するために、いわばライバル関係にあった三論宗を支援する政策を打ち出している。それは三論宗が平城京の大安寺と関わりが深かったためでもあろう。空海はその大安寺で出家後に三論宗を学んだと思われる。

長岡京に都が移った後も、空海は仏教の学習のために平城京を訪れたはずである。その際に宿泊をしたのが佐伯氏の氏寺である佐伯院であろう。佐伯院は佐伯今毛人が東大寺と大安寺から土地を購入して建立した。奈良時代後半に朝廷で重きをなした佐伯今毛人は空海が十七歳のときに七十二歳で亡くなっており、直接の交友はなかったと言われるが、同族意識の強かった時代に、空海は同じ氏族の寺院である佐伯院に滞在して士気を養い、東大寺・大安寺を中心に三論宗の勉学にはげんだであろう。

大安寺は早良親王との関わりが深かった。すでに述べたように、桓武天皇は晩年、自分が死に追いやった弟の早良親王の怨霊に苦しめられた。そのきっかけは、早良親王の後に皇太子に立てられた桓武天皇の子・安殿親王（後の平城天皇）が病気になり、その原因を占うと早良親王の祟りであると告げられたからとされる。だが桓武天皇がより深刻に悩まされるようになったのはそれよりもう少し後であろう。空海が『聾瞽指帰』を著してから数か月後の七九七年五月には、僧侶を早良天皇の墓がある淡路島に遣わし、経典を読ませ、早良親王の霊に謝罪している。この約一年後の七九八年九月以降、三論宗を復興する詔が出されたのを契機に、桓武天皇が八〇六年に亡くなるまで、頻繁に同じような三論宗の発展に資する詔が出されている。これは、祟りをおそれた桓武天皇が、八〇〇年七月に早良親王に崇道天皇という天皇号を贈るなど、様々な形で積極的に追善（死者の冥福のための仏事を行うこと）する時期と一致する。早良親王は大安寺に居住していた。桓武天皇による三論宗復興の政策は法相宗へのけん制に加えて、三論宗の拠点である大安寺を支援することで早良親王を追善する意味もあったと考えられる。

空海は佐伯院を拠点に勤操という三論宗の僧侶を通じて三論宗を学習した。さらに七九七年の出家以後は桓武天皇の三論宗復興の政策が実施されていたため、結果的に三論宗の僧侶としての中国留学が実現したといえる。

勤操を空海の師とするのは伝統的な見解である。近代に入ってこの説は批判されるものの、私は勤操と空海の関係は極めて深かったと考える。勤操は法華八講や文殊会といった女性や俗人にも説法する法会を創始したとされる。勤操は空海が『聾瞽指帰』を著す前年の七九六年に初めて法華八講を平城京の東にあった石淵寺で行っている。空海はこの『法華経』の講義に参加し、それを基に『聾瞽指帰』における『法華経』に関わる記述をしたのだろう（巻下・一八一頁）。

勤操は南都と対立して新たに天台宗の確立を目指した最澄にも寛容であった。勤操は南都の有力者として空海を陰に陽に支援していたであろう。

空海の山林修行と私度僧

最後に当時の仏教の状況と『聾瞽指帰』の関係を見ておこう。すでに見たように『聾瞽指帰』の序文には、空海が仏教に帰依し山林で修業をしたとある。山林に修行のための寺院を建立したことは一般に空海や最澄の特徴とされる。しかし奈良時代にはすでに多くの僧侶が山林で修行していた。空海は若い日に四国の石鎚山などで修行を行い、そのころに高野山を修行の地と見定めていた（『性霊集』巻九）。これも山林修行者から空海は直接、話を聞いたからであろう。このように空海は高名な勤操だけでなく名も知れぬ山林修行者に導かれながら、仏教への道を歩んでいった。

世相に目を移すと、当時は戸籍が整備され、人々には租庸調という重い税が課せられていた。重税から逃れるために勝手に得度（出家）をしている僧も多かった。得度には朝廷による正式の許可が必要であったからこれらの僧侶を私度僧という。私度僧は国家の管理を逸脱していたため、しばしば取り締まりの対象となった（僧尼令第二二条）。たとえば行基は当初は私度僧を組織して橋を架けたり、道路を整備したりしたが、百姓を惑わすとして取り締まりの対象となっていた。

『聾瞽指帰』にはこれらの私度僧との交流を踏まえて書かれている箇所がある。仮名乞児が修行をして食を乞うと、みすぼらしい身なりの自分はさまざまな嫌がらせを受けた、という箇所である。

偶入市則瓦礫雨集　　市場のなかに足をふみこむと、瓦や小石が雨のように投げかけられ、
若過津則馬屎霧来、　渡し場を通りかかると馬の屎が霧のように降ってくる。
阿毗私度、常為膠漆之執友　私度僧の阿毘法師は、つねに最も私の親しい同志の友人である。

（巻下・一五七頁）

この阿毘法師の素性については詳細は知られないが、私度僧であることが明示されている。その人物と仮名乞児は親しく交わっているとある。また親族のある人が仮名乞児に職を得ることを勧め、私度僧のようなみっともない連中と交わっているのは嘆かわしいと述べる。

今子有親有君　いま、きみには親もあり、主君もいるのに、
何為不養不仕　どうして親を養おうとはせず、主君に仕えようともせずに、
徒淪乞丐中　いたずらに物乞いの仲間に身を沈め、
空雑逃役輩　あたら浮浪者の群にまじわって、
辱行忝先人　祖先の名を汚す破廉恥なふるまいをし、

陋名遺後葉　後世にまで醜名（しゅうめい）を残すのだ。（巻下・一五九頁）

ここでは私度僧が労役を逃れた物乞いとして描かれ、そのようなものと関わるのは同じ一族として恥ずかしいと、空海に重ね合わされた仮名乞児は説教される。空海はそれに対して反論する。それは、次の章で見ることにする。

ちなみに、この引用箇所は先に述べた「魏徴時務策」を基にしていると思われる。魏徴は民衆が徭（よう）役（えき）という無償労働の税を逃れようと浮浪者や私度僧になるのは民衆のせいではなく、正しい政治が行われていないからだと諫言している。空海が『聾瞽指帰』で私度僧を登場させるのも諷諫の一つとしているのだろう。

本章では空海の氏族に対する意識と桓武天皇への眼差しを中心に見てきた。それをこころにおいて、これからはいよいよ『聾瞽指帰』の内容を読んでいこう。

第２章　『聾瞽指帰（ろうこしいき）』を読み解く

1　表と裏のメッセージ

登場人物から読み解くストーリー

『聾瞽指帰』に登場する人物には、現代から見ると奇妙な名前がついている。空海が何に基づいて彼らを名付けたのか、またそれぞれが何を意味するのかをストーリーに沿って理解していこう。


蛭牙公子……「蛭の牙」という名の貴公子。欲をほしいままにし、博打や狩猟におぼれている乱暴者。

兎角公……「兎の角」という名の貴族。蛭牙公子の叔父で甥を更生させようとする。

亀毛先生……「亀の毛」という名の先生。兎角公に乞われて蛭牙公子に儒学を説く。

虚亡隠士……「うつろで存在しない」という名の隠者。道教を説く。

仮名乞児……「名前は実体のない仮のものであるから、実際は存在しない」という名の乞食をする小僧。仏教を説く。


この他に名前はないが仮名乞児の親戚と思われる人物（「ある人」）が登場する。「ある人」は仮名乞児に向かって君主に忠を果たし、親に孝行するために、職に就くよう勧める。この問答が『聾瞽指帰』の構想の出発点であると私は考えており、何度か取り上げる。

『聾瞽指帰』冒頭では、貴族である兎角公が、儒学に通じた亀毛先生に甥の蛭牙公子の放蕩を矯正するよう懇願する。蛭牙公子は博打や狩猟にばかりあけくれているからである。亀毛先生は初め乗り気でなかったが、兎角公の熱心な説得により、親への孝行といった儒教の教えを蛭牙公子に説き、栄達を得るには厳しい努力が重要であると朗々と説いていく。そして蛭牙公子や兎角公は亀毛先生の説に納得する。

その次に、道教を説く虚亡隠士が登場し、亀毛先生が説く儒学の教えに従うぐらいなら矯正しない方がましだといって亀毛先生を驚かせる。亀毛先生らから教えを請われて、虚亡隠士は道教の祭壇をつくらせる。そこでみなに誓いを立てさせたうえで、道教の教えを垂れると、みなその説に敬服する。

最後に登場人物が勢揃いしているところに仮名乞児がやってきて、仏教の教えを説く。虚亡隠士らは仮名乞児に教えを請い、仏教が説く地獄の強烈な責め苦や、人の体が朽ちていくむごたらしい描写を聞いて気絶する。仮名乞児が彼らを回復させた後、仏教の偉大さを説くと、それに全員が感じ入って話は終わる。

儒学・道教・仏教と順に続く三段構成によって、後で説かれる論説の方が優れていると論じられる。そして最終的に仮名乞児が説く仏教の教えにみなが心服する。この中で、仮名乞児は親戚が勧める就職や結婚を拒絶し、仏教を最高の教えと説く。この著作が空海の出家宣言書とも言われるのは、仮名乞児の境遇が当時の空海を連想させるためである（第1章）。

登場人物の名前の「兎の角」、「亀の毛」とは、「頭の中で想像することができるだけで実際には存在しない」ものとして、仏典の中に頻出する。兎には角はないし、亀には毛は生えておらず、想像の中でしか存在しないからである。蛭は人や動物の血を吸うが目に見えるような大きな牙は生えていない。「蛭の牙」もやはり実際には存在しないという意味で「兎の角」と「亀の毛」と同じである。「蛭の牙」が出てくる仏典は『金光明経』に限定できる。『金光明経』は当時、護国経典として重視されており、『日本書紀』や奈良時代の天皇の詔にも用いられている。空海は最晩年に御七日御修法という密教の儀礼を宮中真言院で行うことを認められる。それ以前から同じ日に大極殿において天皇の面前で行われていたのが御斎会という『金光明経』の講義である。空海は後年、この経典について『金光明経秘密伽陀』という書を著している。

現代人にとって仏教についての知識は身近ではなくなってしまったが、当時の知識階級は仏教の世界観や知識を共有していた。字を読める人であれば、「兎の角」「亀の毛」そして「蛭の牙」と聞けば、それらが仏典にもとづく語で、「実際に存在しないもの」の譬えであるのを即座に思い浮かべることができただろう。

図２－１　隼人石の兎（『好古小録』）
これら獣面人身の源流は中国・朝鮮半島にみられる。

現在では物語に登場人物の挿絵が掲載されることが多い。当時はどうだったのだろう。空海の時代には古墳やその周りに獣面人身の像が描かれることがあった。七世紀末から八世紀初頭につくられたと考えられるキトラ古墳（奈良県明日香村）には十二支の動物たちが着物を着ている姿が描かれていた（現在確認できるのは虎のみ）。また奈良の北部の佐保山には、隼人石（図２－１）

と呼ばれる獣面人身の像が描かれた石が現存する。現在はネズミや兎など三体しか確認できないがやはり十二支の動物が描かれていたようである。空海の時代には兎や亀の頭をした人物造形は当たり前だったし、読者はその姿を容易に想像できたことは押さえておきたい。

空海は、「実際には存在しない」という名前と三段構成の形式を採用するにあたって、司馬相如の「子虚上林賦」(『文選』)を参考にしている。司馬相如は前漢の武帝の時代の文人である。「子虚上林賦」には子虚・烏有先生・亡是公という三人の人物が登場し、いずれの名も「実際には存在しない」という意味である。「子虚上林賦」の冒頭で、子虚が楚の国の狩猟地のすばらしさをうたいあげる。それに対して次に登場する烏有先生は、それは取るに足らないとして、斉の狩猟地のすばらしさを述べる。楚も斉もそれぞれ勢力を有していた中国の地域である。それを聞いていた亡是公は、それらは地方で評価される程度にすぎず、漢の武帝が作り上げた上林苑には到底及ばないとして、上林苑の豪奢なさまをうたいあげる。

このように「子虚上林賦」の採用する三段構成と登場人物の名が意味するところは、『聾瞽指帰』の図式と極めて似ていることに気づくだろう。空海が参照したであろう、儒教・道教・仏教の三教を比較する著作は数多く存在したが、『聾瞽指帰』の三段構成はそれらの著作よりも「子虚上林賦」に最も近い。

つまり、空海は三教を三段階で比較するために「子虚上林賦」の構成を借り、また登場人物の名前のヒントを得たのは明らかである。重要な類似点はそれだけではない。「子虚上林賦」は漢の武帝が作り上げた上林苑の奢侈を諷刺して諫め、節倹を勧めるために司馬相如が著した(『史記』司馬相如伝）。この賦は「勧百諷一」（役に立たないことを多く述べること）、すなわち無駄が多いと評されるが、その後の文人・臣下たちが皇帝らの奢侈を誡める賦の先駆となった。漢代の揚雄の「酒賦」、張衡の「二京賦」などはいずれも皇帝の奢侈を諫める意図で書かれた。『文選』や『史記』に通じていた当時の日本の知識層は、「子虚上林賦」が皇帝を諫める書であることを知っていた。彼らが『聾瞽指帰』を読めば、その構成が司馬相如の「子虚上林賦」に類似していることに気づくのは困難ではない。つまり空海は、この書が諷諫として理解されることを意図していた。

また「虚亡」と「仮名」という名前は三論宗の吉蔵『三論玄義』に基づいている。『三論玄義』では道教の教えの特徴を茫漠とした虚無として「虚亡」と表現する。「仮名」は「実体は存在しないが名前は仮に存在する」という仏教の存在論に基づく。先の「兎角」「蛭牙」「亀毛」とあわせて「虚亡」「仮名」といった登場人物の名前はいずれも「実際には存在しない」という名前で、「子虚上林賦」の登場人物の名前にならったものである。『三論玄義』は道教と仏教を比較し、道教が仏教にはるかにかなわないことを『荘子』の譬えを用いて示している。『聾瞽指帰』でも亀毛先生と虚亡隠士の両者の説がとるにたりないことを、『荘子』の譬えをいくつも用いて示している。この発想は『三論玄義』を参照している。

場面設定に込められた忠・孝のメッセージ

『聾瞽指帰』を理解するには、舞台設定とその典拠が重要である。それらから読み取れる〝裏〟のテーマを読み解いてみよう。『聾瞽指帰』は眼で読んで観賞する読みものであって、実際に舞台で演じる劇とは異なる。それにもかかわらず、読者は読むだけで視覚的に舞台を想像できる箇所がある。劇場の舞台を想像してほしい。ここでは『聾瞽指帰』という作品の舞台で使われている大道具・小道具を紹介していく。

場面は貴族である兎角公の館である。そこで宴会が行われる。途中、仮名乞児とその親戚との間での対話が回想のように挟まれるが、基本的には兎角公の邸宅での宴席を舞台にしている。そして亀毛先生による儒教の説、虚亡隠士による道教の説、最後に仮名乞児による仏教の説が展開される。邸宅の外には門がある。その門から声が届く範囲に登場人物たちはいる。そして屋敷の中には招かれた客をもてなすための「席」として筵が座布団のように置かれている。最初と最後の場面を見てみよう。

> 亀毛先生がたまたま休暇をとったある日のこと兎角公の館を訪れた。兎角公はそこで**座をととのえ席をしつらえ**（肆筵設席）、料理をすすめ酒杯をあげ、型のごとく献酬の礼をすませると、親しく膝をまじえて語り合った。（巻上・二二頁）

> **もとの席に戻るがいい**（復坐）。これから「三教」を明らかにして、十韻の詩を作り、きみたちの**世俗的な歌と囃し**（謡謂）に代わるものとしよう。（巻下・一八六頁）

最初の場面の「座をととのえ席をしつらえ」（肆筵設席）と最後の場面の「歌と囃し」（謡謂）はいずれも『詩経』大雅・行葦に基づく。行葦という詩は酒や料理がふるまわれる宴席を描いたものである。ここで空海は、『孝経』に端を発する仏教と儒教との間で行われた議論を踏まえ、かつ『詩経』の小序に基づき「忠厚」を説く大雅・行葦の語句（歌や鼓）を用いている。第1章で述べたように『詩経』には最初に大序がおかれ、それぞれの詩には小序がつけられる。小序は文面からはうかがいがたい儒教的な解釈をほどこす。行葦の小序ではこの詩が本来示すのは「忠厚」（厚い忠誠）とされる。たしかに『聾瞽指帰』では登場人物が儒・道・仏の三教を比較する。しかしそれだけでなく空海は『詩経』大雅・行葦に用いられる句を『聾瞽指帰』で展開する物語の最初と最後に用いることで、この書の全体が「忠厚」をテーマにすることを読者に示そうとした。これは、次に引用する『三教指帰』の序文で三教は忠孝を論じると空海が述べていることから保証される（『聾瞽指帰』序文には存在しない）。

> 生きとし生けるもののたちのもちまえは同じではなく、空を飛ぶ鳥、水に沈む魚といったようにそれぞれに性分の違いがある。だから聖人が人を導くには、三種の教えを救いの網として用いるのであり、いわゆる釈迦・老子・孔子の教えである。この三種の教えには浅いと深いとの違いはあるが、いずれもみな聖人の説いた教えである。**その同じ教えの網のなかに身をおけば、忠孝の道にそむくことなどありえない。**
>
> （序文・四―五頁）

三教のうち、道教の箇所には忠孝の話題は表には明確に出てこない。それにもかかわらず、空海は後年に著した『三教指帰』序文で三教それぞれの教えと忠孝が密接な関係にあると記している。後に見ることになるが、実際に空海は道教の箇所でも暗示的に忠に関わる話題を扱っている。

ほかにも小道具として用いられる「席」に注目すると『聾瞽指帰』の〝裏〟のテーマが見えてくる。仮名乞児はみすぼらしい風体で貴族の館に現れ、「無常の賦」で次のように言う。

施朱紅瞼、卒為青蠅之蹢躅　朱をさした紅の頬もついには青蠅に踏みつけられ、
染丹赤脣、化為烏鳥之哺宍　丹で染めた赤い唇も烏や鳥の餌食に変わり果てる。

（巻下・一七二―一七三頁）

煮えたぎる釜の湯を腹の中にそそがれて臓腑はいつも炮り煎かれっぱなし、あるいは火に焼けた鉄のかたまりを喉に流しこまれて、しばらくもその苦しみからまぬがれるすべがない。

（巻下・一七五頁）

このように人が死んでいくときの無残な姿と地獄の苦しみをうたうと、聞く側は気絶してしまう。仮名乞児が水をかけ呪文を唱えることで復活させてやると聞く側は神妙になり、「座席をはずして居ずまいを正し（避席）」（巻下・一七七頁）かしこまる。そして二つ目の賦（「生死海の賦」）を説いた後に仮名乞児は「もとの席に戻るがいい（復坐）」（巻下・一八六頁）という。ここの「座席をはずして居ずまいを正し」と「もとの席に戻るがいい」は、『孝経』の冒頭に置かれる孔子とその弟子である曾子との問答に基づく。

孔子がゆったりとくつろいでおり、そのお側に弟子の曾子が侍っていた。

「昔の聖王は、このうえもない徳にして肝要なる道すなわち孝という徳を体得し天下万民の心に順ったため、万民はおだやかに睦みあい、身分の上下の間に怨み事はなかった。お前はこのことを知っていますか」と。

曾子は立ち上がり、**座席を離れて答える**（**避席**）。

「わたくしは不敏な愚か者ゆえ、どうしてそのようなことを心得ておりましょうか」。

そこで先生は次のように仰った。

「そもそも孝とはあらゆる道徳の根本であり、教化はそこから生じてくるものです。まあ座席に**戻って坐りなさい**（**復坐**）。これから私がお前に説明してあげよう。**人の身体は手足や頭髪、皮膚に至るまで**、すべて父母から受け継いだものです。その大切な身体を**むやみに傷つけることのないようにすること**、これが孝の出発点です。そして孝を実践して自立し、その名声が後世にまで語り継がれ、その誉れが父母にまで及ぶこと、これが孝の終着点なのです。……」

（『孝経』野間文史訳、明徳出版社、二〇二〇年、一〇―一一頁、一部改変）

最後の段落にある「人の身体は手足や頭髪、皮膚に至るまで」「むやみに傷つけることのないようにする」という箇所は、中国の伝統思想に立つ人々が仏教を非難する際に頻繁に用いた。なぜなら、僧侶が髪を剃って出家することは、親から授かった身体（頭髪）を損ない、子をもうけず、先祖の祭祀ができなくなる、すなわち先祖への孝を軽視することだったからである。孝は中国（なかでも儒学）で極めて重視され、日本でも支配階級にとって守るべき徳とされた。仮名乞児は「ある人」とだけ言及される人物と忠と孝について次のように議論をする。ここでは、このような仏教への伝統的な批判に対し、仏教の立場から反論している。

> 両親から貰った肉体をそこない、一族の心を悲しませたこと、釈尊と周の泰伯にまさるものはない。（周の泰伯は夷狄の地に住むために髪をそり、入れ墨を入れ、釈尊は前世の修業時代に自らの身を飢えた虎にささげたからである。）にもかかわらず、泰伯は至高の有徳者とよばれ、仏陀は悟れる聖者とよばれている。
> （巻下・一六三―一六四頁）

仏教は、僧侶が子孫を残さない点で、たしかに先祖への孝を軽視する。だが空海は仏教に真の忠と孝を見出した。これは本章の最後で述べる。『聾瞽指帰』は最後に儒・道・仏の三教を比較する「十韻の詩」を詠むことから、一見すると三教の議論をしているように見える。しかし空海は、語句の表面的な意味だけではなく、それらの語句と密接に関係している中国古典の文脈を読者に想起させることで、真の主題が忠孝であることを示そうとした。

空海が大学を辞めるにあたって『聾瞽指帰』を著したのは、第1章で詳述したとおり桓武天皇の治世において祖先の佐伯氏と大伴氏に対する真の忠と孝を示そうとしたからである。この点は最後に見ることにして、まずは空海が儒教・道教・仏教それぞれをどう扱っているかを見ていくことにしよう。

2 儒教の篇――暴君は誰か

儒家の欺瞞を暴く

亀毛先生は表面上、立派な儒者として雄弁に儒家の教えを説いている。「空海は亀毛先生に儒家の正統的な教えを説かせている」。今までこの理解は疑われることはなかった。しかし、注意深く読んでいくと、空海は亀毛先生をうわべだけの儒者として描いていることが分かる。これまでの本書の議論に照らして、その描写が当時、儒教を国家の根幹に据えようとした桓武天皇を諷刺しているのを明らかにしたい。その前にまずは亀毛先生が説く儒家の考えを踏まえておこう。第1章で『聾瞽指帰』は「道」を根幹に据えていると述べたように、亀毛先生の説諭では、儒教の根幹である道と徳および五常（仁・義・礼・智・信）が並べて描かれている。

猶須択郷為家、　良い場所を選んで住居とし、
簡土為屋、　良い土地を選んで住宅とし、
握道為床、　道を床として据え、
挈徳為褥、　徳を布団とし、
席仁而坐、　仁を敷物として坐り、
枕義而臥、　義を枕として横たわり、

被礼以寝、　礼を布団として寝、
衣信以行、　信を着物として歩くことが大切である。
日慎一日、　日に日に身の行いを慎み、
時競一時、　季節ごとにおさおさ怠りなく、
孜孜鑽仰、　せっせと努力研鑽し、
切切斟酌、　ひたすらに善を選んで実践していく。
縹嚢黄巻、吐握不弃、　典籍はどんな忙しい時でも手から離さず、
青簡素鉛、顚沛不離、　筆記具はあわただしい時でも身につけていく。

（巻上・三二頁）

前半は儒家である前漢の陸賈の『新語』の記述をもとにして道と徳、五常を説いている。五常のうち智がないのは、対句にするため、偶数となる四つの項目を挙げたのであろう。後半では亀毛先生が様々な表現でたゆまぬ努力をすることを勧める。雄弁すぎるようでもあるがここではひとまず標準的な儒教の教えが説かれているといってよい。

対句は、相対するもの、たとえば最上のものと最下のものといった極端に異なるもの同士を挙げることもある。身分の場合であれば天子と庶民が対比される。亀毛先生は天子と庶民を対比して次のように述べている。

従教如円、則庸夫子、可登三公、　従順に聖賢の教えに従っていけば、

逆諫似方、則帝皇裔、反為疋傭、

庶民の子でも大臣の地位まで昇ることができ、角ばって臣下の諫言を拒んでいけば、帝王の子孫でも逆に庶民となってしまう。（巻上・二六頁）

木従縄直、已聞昔聴
人容諫聖、豈今彼空

材木は墨縄によって真っ直ぐになるということは、古人の教えですでに言われており、**人は諫言を聴くことによって聖人になれるとは**、今でも十分に通用する言葉です。

上達天子
下及凡童
未有不学而能覚
　乖教以自通、

上は天子に至り、
下は庶民の子どもにおよぶまで、
学問をせずに道理が悟れ、
教えにそむいて物の道理がわかったためしなどありません。（巻上・二七頁）

亀毛先生は一般民衆でも努力をすれば身分が高くなり、対となる天子の方は臣下からの諫言を聴かないと皇帝の末裔でも身分が落ちるとする。太字にして表示した箇所は『尚書』説命篇に登場する傅説という名臣の説に基づく。殷の高宗という名君が夢を見て、傅説を家臣に得て、朝夕諫言をさせて善政を行った。ここで説かれているのは一般的な儒教の説である。後で道教の項目でも見るように、空海はこのように中国の著名な諌言をところどころに引用する。

亀毛先生は博覧強記の学者として『礼記』や『論語』から一節をそのまま引用する。親をも敬わず、傍若無人にふるまう蛭牙公子を説得するために『礼記』を引用して言う。

> 儒教の古典である『礼記』にも〝父母が病気になれば、冠をつけた成年者は櫛をつかわない。威勢よく歩かない。楽器は鳴らさない。酒を飲んでも酔うまではいかない。笑っても大笑いはしない〟とあるが、これこそ親を思う気持ちが痛切で、身なりなどかまおうとしないのである。また〝隣が喪中であれば音頭をとりながら臼をつかない。村のなかに仮埋葬する家があれば、路上で歌わない〟とあるが、これもまた他人と憂いを分かち、親疎を区別しないものである。
>
> (巻上・三〇頁)

『礼記』は全四十九篇ある大部の著作である。この一節は『礼記』曲礼上篇といって礼の基本的規則を列挙し、『礼記』の最初の篇にある。曲礼の習得は『礼記』の中でも基本的なものであった。つまり親孝行や隣人とのあるべき関わりを説く『礼記』のよく知られた箇所を使って蛭牙公子を説得しようとしている。そもそも蛭牙公子はねっから親不孝で傍若無人なので、そのようなありきたりの説得がはたして功を奏するかどうかは、この後見てみたい。

亀毛先生は次に登場する虚亡先生に対しては情けない姿で教えを懇願することになる。これまで亀毛先生は堂々とした姿をし、儒家の正統な説を雄弁に説いているとみなされてきた。だが、本書の読みでは、空海は亀毛先生を通じて儒家が表面的であることを描こうとした。空海のその狙いを次に見ていこう。

暴君・紂王と亀毛先生

儒教とは何かという問いに対しては、学者によって千差万別の答えや定義があるだろう。その問いに答えるために、儒教は悪役をどう扱ってきたかを考察することは有益であると考える。

特に興味深いのが、儒教で悪役とされる中国の伝説的暴君・紂王についての見方である（図2-2）。第1章ですでに触れたが、紂王は殷王朝最後の君主である。酒池肉林の故事で知られる贅沢三昧にふけり、忠臣を残忍な方法で殺害した。最終的には賢臣たちから見放され、周の建国者・武王との一大決戦に敗れ、誅殺された。

図２−２　紂王無道
明代に成立した娯楽小説『封神演義』の挿絵は残虐な刑罰を好んだ紂王の無道ぶりが広く知られていたことを示している

空海は乱暴者の蛭牙公子のみならず、亀毛先生についてもこの紂王の姿を暗示している。紂王は儒教において徹底的に悪役とされるものの、逆説的に言えばきわめて的確に儒教の性格を示している。紂王が人望を失い、周によって打ち倒されたことは『詩経』のいくつかの詩や『尚書』の記述からうかがわれる。しかし具体的にどのような残忍な行為を行ったかについては『史記』に残された記述しか頼るものがない。それらの行為が歴史的事実であったかどうかよりも重要なことは、紂王が儒家たちによって、悪逆の暴君として描かれ続けたことである。儒教が歴史的に展開していくなかで紂王は雪だるま式に暴君のステレオタイプとされていった。以下は最初期の記録として『史記』に見られる紂王の記述である。

> 帝紂は生れつき、悪がしこく（資弁捷疾）、聞見甚だすみやかで、紂は力が人にすぐれ、素手で猛獣を生どりにするほどであった。また智慧があって、諫言をも聞き入れず（拒諫）、非行をも善とするだけの弁舌を備え（飾非）、臣下にその能力を誇り、天下に名をとどろかせた。紂は自分より偉い者は居ないと思った。
>
> （『史記』殷本紀・井上源吾「殷の紂王説話私考」一九五六年）

紂王は暴君である一方で、きわめて頭の切れる人物として描かれる。そして諫言を拒否し（拒諫）、非行を善と飾り立てる（飾非）。紂王は原文では「**資弁捷疾**」（姿も立派で頭の回転がすぐれる）と表現されている。漢字の「資」は「姿」と同じ意味で用いられる。この語句は『聾瞽指帰』冒頭でも亀毛先生を表現する際に「天**姿弁捷**」として用いられる。

> 亀毛先生という儒者がいた。うまれつき俊敏で堂々たる風貌の持ち主（天**姿弁捷**）。多くの儒教の典籍や歴史書をそらんじていた。
>
> （巻上・二二頁）

空海はこのように儒教を代表するはずの亀毛先生に、最初から暴君の紂王のイメージを潜ませている。亀毛先生はまじめに儒教を説くようでいながら、実は儒教の本筋から離れている。その意義を考えるために、この弁のたつ亀毛先生はどのような人物として描かれているのかを見てみよう。

> 亀毛先生は舌を動かすやいなや枯れ木にも花が咲き、議論を始めるやいなやしゃれこうべも生き返る。
> （巻上・二二頁）

ここでは亀毛先生の雄弁なさまがやや極端に譬えられている。この表現は唐代の小説『遊仙窟』に基づいている。『遊仙窟』は古代日本で愛読され、『万葉集』などにも典拠として用いられていた。『聾瞽指帰』の序文で、空海は『遊仙窟』は「文章は美しいが、猥雑で優雅ではないので後世の模範とはならない」と評しているが、一方で『遊仙窟』に基づいた表現をしばしば用いている。

話を戻して、儒教は雄弁であることをどのように考えているのだろうか。いったい初期の儒者は孔子を含め、説得下手であった。孔子は理想的政治を進めるために君主を説得しようとして、各国を回ったが、どこでも迂遠な説と思われ、遠ざけられた。私たちもペラペラと雄弁に語る人物が必ずしも誠意のある人物とは限らないと直感的に思うことがある。『論語』においては仁（人に対する思いやり）は最高の理想的な徳目とされている。その上で孔子は「巧言令色すくなし仁」と、また「剛毅木訥は仁に近し」と述べる。つまり「ペラペラと巧みに話す人物には仁であることが少ない」とされ、また「飾り気なく口数が少ないもの（朴訥）は仁と同じほどではないにしてもそれに近い」として高く位置付けられている。

亀毛先生は蛭牙公子に遊蕩をやめて努力をすれば才能を得られると饒舌に述べる。亀毛先生は、儒教にふさわしい忠や孝を代表する人物や清廉な人物だけでなく、弓術、商業、医術、技術など本来儒家とは関係が薄い技能もとうとうと挙げている。これは儒家の立場から博打を批判した呉の韋昭の「博奕論」をもとに膨らませたものである。

すでに指摘したとおり、亀毛先生の雄弁を表す「天姿弁捷」の「弁捷」は弁が立ち頭の回転が速いという意味である。唐の司馬貞による『史記』滑稽列伝の注釈では「弁捷」のことを「是を非とし、非を是と言いくるめ」るような人物を指す言葉としている。亀毛先生はまじめに儒教を説いているようでありながら、是を非と言いくるめるような、誠実でない人物であることがほのめかされている。

狂人と聖者のどんでん返し

亀毛先生は「上知と下愚は変化しない」という『論語』の句をふまえて、最も上等の知者と最も下等の愚者は変わらないと述べる。これは、中程度の理解力は教育によって矯正しうるが、最も上のものと最も下のものは変化しないという考えである。『聾瞽指帰』では儒教に基づいて、人間の素質を九等に分け、「狂人と聖者は全く異なる」と説明する（巻上・二五頁）。

蛭牙公子は彼の遊興の行為からいってかなりの愚者として位置付けられているだろう。だが亀毛先生は蛭牙公子を教えさとすことが期待される。最終的に蛭牙公子はおとなしく従うので表面的には教誨は成功する。それを見て矯正を依頼した兎角公は「先生の雄弁が狂人を聖者に変えた」（巻上・

三六頁）とほめたたえる。

この「狂人を聖者に変えた」という語をめぐって、儒家の中でさまざまに議論されていた。儒教において権威として用いられる『尚書』には「聖人も念なければ狂人となり、狂人も念をつとめると聖人となる」とある。この文章に続いて、「天は紂王が民の主となることをまっていたが、聞くべき徳がなかった、そのために滅ぼされた」とある。つまり儒教における聖と狂の議論の原点は紂王である。『尚書』そのものでは紂王にも聖人になる可能性があったことを認めていたと理解できる。

しかし唐の儒家で孔穎達が編纂した『尚書正義』は、「狂」は「聖」になることは絶対にないという異なった理解を示す。この考え方は中国の南北朝時代の人間観にもとづく。南北朝時代には上下の身分制度が固定化しており、それを踏まえ、孔穎達は「狂」と「聖」とは交替しうるものではないとした。宋代以降にはまた考え方が変わるのだが、それは空海以後の時代であるため、ここでは省略する。また三教の議論を集成した中国の『広弘明集』においても「桀・紂と極愚」「狂と聖」「上智と下愚」についてのさまざまな見解が述べられている。

空海はこのうち、『尚書』と大学で用いられていた副読本（孔安国伝、学令第六条）、さらに唐代の『尚書正義』、『広弘明集』を知っていた。つまり空海は「狂」と「聖」の関係について複数の理解が可能であることを知っていて、人間を「狂と聖」「上智と下愚」と二項対立的に理解する儒教の欺瞞を紂王に対する扱いに見出したと言える。

もっとも乱暴者の蛭牙公子こそ紂王の形容がふさわしい。蛭牙公子がガブガブと大酒を飲む様子は『詩経』のなかの紂王のイメージを借りて描かれている。

蟬のように、また蜩のように（若蜩若螗）、酔っぱらってはガーガーとわめきたて、昼となく夜となく（靡明靡晦）食い散らす。（上巻・二八頁）

「若蜩若螗」と「靡明靡晦」の句は『詩経』大雅・蕩に基づく。『詩経』そのものは紂王を描写しているが、蕩の小序はこの詩に対してやや複雑な説明をしている。空海の「無道」理解と関わるのでもう少し見ておきたい。蕩という詩自体は周の文王が紂王の暴政を嘆くさまをうたう。引用に見られるように暴飲暴食をするのは紂王である。一方で蕩を儒教の立場から解釈する小序は、「周十代の王・厲王が無道であるので、召公という臣が諫言として刺すためにこの歌を作った」とする。つまり後の時代の人物が過去の時代にことよせて、同時代の為政者を諷刺したと解説する。『詩経』本文では「無道」の語は用いていないが、小序は「無道」であることを諷刺したと位置付けている。このような風刺のあり方は後で改めて見る。

空海は儒教を説く側にも説かれる側にも紂王のイメージを重ね合わせている。なぜ空海はそのようなことをしたのだろうか。それは桓武天皇と紂王を比べると答えが見えてくる。

紂王のイメージに重ね合わされる桓武天皇

桓武天皇は紂王と比べてどうだろうか。一般的に桓武天皇は平安京という千年の都の基礎を築き、蝦夷征討によって朝廷の威信を確立させた、すぐれた為政者といわれる。確かに桓武天皇没後三十六年に編纂された『日本後紀』の中で編纂責任者の藤原緒嗣（藤原式家）は、これらの二大事業は「後世の頼みとなった」と記述している。だが桓武天皇を手放しで絶賛することはなく、「多額の費用を費やした」と付記せずにはいられなかった。桓武天皇は一つ間違えると暴君とも評されかねない専制君主であった。第1章で詳述したように、藤原種継暗殺事件にしても、処断した関係者たちを自分の死の直前に赦免し、名誉を回復させているのを見ると、桓武天皇は揺らぎのない中立性によってというよりは、一時の激情によって行動したともいえる。蝦夷征討についても実質的な勝利より、多くの蝦夷を斬首することを将軍に求め、その成果報告を祝って平安京に遷都した。空海はそのような桓武天皇を目の当たりにして、桓武天皇を紂王に、また唯唯諾諾と桓武天皇に従う臣下を紂王の臣下になぞらえて諷刺したのではないか。

それを理解するために、亀毛先生による蛭牙公子に対する説得の締めくくりの言葉を見てみよう。便宜的に①から④に分け、最初に②と③を見ることにする。

①孔子さまの言葉に〃耕していても飢えることはあるが、学問をすれば俸禄はそこにおのずから得られる〃とある。**②その言葉は真実だ。**③この言葉を**大帯に書き留め**、④骨に刻みこむべきである。（巻上・三五頁）

このうち②「その言葉は真実だ」（誠哉斯言）、③「大帯に書き留め」（書紳）は次の『論語』の二つの文章にもとづく。

『論語』子路篇

ひとつの侯国の政治を、善人が百年行ったならば、横暴なものに勝ち、死刑をなくすことができるであろう、という古い言葉があるが、**その言葉は真実だと**（誠哉是言）、孔子が言った。

（『論語』下、吉川幸次郎訳、朝日選書、一九九六年、一一二頁）

『論語』衛霊公篇

言葉が誠実であり、行為が敬虔であれば、たとい文化の低い異民族の国であっても、伝播、流布する。もしその逆であれば、自分の郷里というせまい範囲でも、伝播・流布しない。……子張は孔子のこの答えを大切にし、それを**大帯に書き付けた**（書諸紳）。（同上一九七頁）

『論語』のこの二つの文章を読んで、第1章の藤原種継暗殺事件と蝦夷征討を思い起こされた読者もいるのではないだろうか。

『論語』子路篇の引用にある「良い政治がなされていれば死刑はなされない」とは、逆に言えば大量の処刑がなされるのは為政者が良くない政治を行っている証拠である。空海は当時よく読まれた『論語』からこの語を用いることで、大伴・佐伯氏を一方的な立場から断罪・処刑した桓武天皇に対し、痛烈に抗議したと見ることができる。

また第1章で詳しく解説したとおり、蝦夷征討では空海が属していた大伴氏・佐伯氏が代々、軍事氏族として中心的な役割を果たしていた。大伴氏は蝦夷を配下として兵に組み入れるのが伝統であり、佐伯部は蝦夷の捕虜で構成された。桓武天皇はその共生策を廃し、蝦夷征討では蝦夷の殲滅を目指していった。

桓武天皇の強硬な蝦夷征討は、確かに結果として朝廷の威信を東北地方に広げることにもなった。それに対し、空海の出身の大伴氏と佐伯氏は蝦夷の処遇に長年関わってきたからこそ、禍根を招きかねないとしてこの強硬策に違和感を抱いたはずである。それなのに桓武天皇を恐れて、臣下がだんまりを決め込んでいることに、天皇に忠を尽くすことを氏族伝承の第一にすえていた空海は黙っているわけにはいられなかった。空海は『聾瞽指帰』の文脈上の意味以外に、出典を知る知識人のみが想起できる別の意味を込めた。『論語』衛霊公篇を踏まえ、「忠信・篤敬があれば蛮族の国でも立派な行いがなされる。それに対し、桓武天皇に仕える臣下には本物の忠信・篤敬があると言えるのか」という諫言が『聾瞽指帰』に込められたメッセージであろう。『論語』に収められる五百篇近くの文章の中でも、「この言葉は真実だ」（②）「大帯に書き留めるべきものだ」（③）のようにそれ自体の内容をほめたたえる言葉は、きわめて珍しい。空海が亀毛先生の説教の最後の最後にこの二つの言葉を選んだのは、桓武天皇の殺生を辞さない二つの姿勢（処刑と殲滅）とあわせて、追従するだけの家臣を批判することを意図していたといえる。むしろこの締めくくりにつなげるために、それまで延々と一見もっともらしい儒教の説を亀毛先生に語らせたということができる。

桓武天皇の治世を「無道」とする

『論語』はなすべき行いの前提として「道」を重視する。先ほどの引用に戻ろう。亀毛先生は①の締めくくりに孔子の言葉を権威として借用しているが、その典拠である『論語』には次のようにある。空海が引用するのは強調部分のみである。

理想的な人物像・君子は道を重視して食のことを心配しない。**農耕に従事するだけでは飢饉にあって苦しむこともある。学習によって職を得ると飢饉のときでもゆるがない俸禄をもらえる。**君子は道のことを心配して、貧しさは憂いない。

（吉川幸次郎『論語』下、二一四頁）

『論語』のもとの文章では「道」を行動の前提におき、食や貧しさを心配しないことが重要とされる。しかし、空海はこの道について述べる前後の箇所を飛ばして、その中間の強調部の個所だけを亀毛先生に語らせている。空海はあえてこのような切り取りをして、孔子を権威として引用しながら、孔子が本当に大事にした「道」について無視する、いわゆる〝論語読みの論語知らず〟として亀毛先生を描いている。

亀毛先生が、人は努力をして儒教の教養を身につけることで容易に「豊かになり、身分を高くすることができる」と蛭牙公子を説得した言葉からも、「国家に道という正義があるか」という『論語』泰伯篇で重視される、次のような前提が抜け落ちている。

国家に道という正義があるのに、貧しく身分が低いのは恥である。国家に道という正義がないのに豊かで身分が高いことは恥である。

このような「道」を見落とす亀毛先生の描写は、空海が親族から桓武天皇に仕え、官途について禄を得るよう説得されたことに違和感を覚えたことに端を発するのだろう。もちろんどの時代も腹の足しにならない空虚な理想よりも、目の前の給与の方が大事だという考え方はあろう。それは官僚たちが儒学を知識のみならず倫理の基盤として学んでいた当時であっても似たようなものであったろう。

しかし「道」を純粋に国家のあるべき基準として考えるならば、空海にとっては、禄のためにいたずらに桓武天皇の朝廷に仕えるわけにはいかなかった。亀毛先生に豊かさや高い身分を求めることをことさら雄弁に語らせることによって、空海は当時の読者に「国家に道がない」ことを明示した。先ほど『詩経』本文では「無道」の語を用いていないが、小序は当時の政治が「無道」であることを諷刺していると理解していたことを見た。それと同様に『聾瞽指帰』自体は「無道」の語を用いていないが、空海の意図は「桓武天皇の政治は無道である」として批判することであった。

ところで、乱暴者の蛭牙公子が、亀毛先生の親孝行をうながす〝ありがたい〟説を聞いて、素直に受け入れたのは奇妙に思われないだろうか。並外れた乱暴者が月並みな説教に怒ることもなく素直に従うのには物足りなさを感じる。

これを理解するには、当時よく知られていた『荘子』盗跖篇を思い起こす必要がある。道家の書である『荘子』は、儒家をこき下ろす滑稽なフィクションを多く含む。盗跖篇の趣旨は以下の通りである。

孔子は大盗賊である盗跖を教え諭(さと)し、盗みをやめさせようとする。孔子は〝席を避(さ)け〟〝再拝(さいはい)〟して盗跖に敬意をしめすが、盗跖は眼を怒(いか)らせ、剣をとりあげ孔子を踏(ふ)みつけて、「俺の気にいらない説を説いたら殺すぞ」という。孔子は盗跖の勇猛さを生かせば、立派な将軍となることができるというと、盗跖はさらに怒って儒家の説をさんざんにけなす。「人をたぶらかして富貴(ふうき)をもとめるお前こそが本物の盗人だ」と。

当時この一節を知る読者は、あらくれ者の蛭牙公子が亀毛先生のありきたりな説得に納得せず、盗跖のように食(く)って掛(か)かることを期待しつつ読んでいたはずである。『荘子』では「人をたぶらかして富貴をもとめる」のは孔子であるが、『聾瞽指帰』では亀毛先生が「人をたぶらかして富貴をもとめさせている」。

蛭牙公子は最後におとなしく亀毛先生の説教を「よくわかりました（唯唯(いい)）」として受け入れている。これでは教条的(きょうじょうてき)で面白くない。実はここにも儒教に対する強烈な皮肉が込められている。組織に勤めている読者諸賢(しょけん)であれば、次のようなことに思い当たらないだろうか。自分が属する組織をよくしたいならば意見の異なる他者とも積極的に議論をするだろう。それに対して、自分に給料を払ってくれさえすれば組織の将来なんてどうでもよいと考える人は、いさかいを起(お)こさず、権力ある者の言うことを黙(だま)って聞いて適当にやり過ごすだろう。

儒家の文献では、暴君の桀王(けつおう)・紂王(ちゅうおう)の朝廷と名君の湯王(とうおう)・武王(ぶおう)の朝廷が対比される。名君の朝廷では「侃侃諤諤」の議論が行われるのに対し、暴君の朝廷では臣下は「唯唯諾諾」、つまりハイハイと相槌をうつだけとして対照的に描かれる。蛭牙公子は亀毛先生の教誨の後に次のように答える。

はいはい、よくわかりました（唯唯）。つつしんで仰せのとおりに致します。これからは教えにしたがって一心に勉強いたします。

（巻上・三五—三六頁）

この「はいはい、よくわかりました」が「唯唯」である。「唯唯」には確かに「はい分かりました」という意味もある。しかし蛭牙公子はじつは亀毛先生から教えを聞いたふりをするだけで、本当は聞き流しているのではないか。空海が参照した古典と照らし合わせると、そんな皮肉が見えてくる。

盗跖の話にうかがえるように『荘子』は話の面白さによって人々に享受されていくことを目指した。その儒家批判は痛快である一方で、表層的な批判にとどまっていると言うこともできる。それに対し、乱暴者が一見「唯唯」として儒家の説に納得するふりをし、やりすごそうとするように描く方が、より本質的な儒家批判ということもできる。儒家は漢代以後、官吏として俸禄を得る立場になった。武帝の儒臣であった公孫弘や兒寬のように武帝におもねって唯唯諾諾とする儒家も当然のことながら多く出てくることになる。専制君主の桓武天皇のもとでは、行き過ぎた処刑や強硬な蝦夷征討に対しても臣下は委縮し唯唯諾諾と盲従してしまった。空海は亀毛先生が蛭牙公子を教誨するという形を借りて、唯唯諾諾として俸禄を求めるだけになった同時代の官僚や臣下たちを批判している。さらにはそのような状態を招いたのは桓武天皇によって行われている「無道」の政治が原因であると儒教の典拠を通じて諷刺したのである。

3　道教の篇——風狂の隠者たち

虚亡隠士の風貌が象徴するもの

『聾瞽指帰』第二部である道教の冒頭では虚亡隠士が登場する。

虚亡隠士はさきほどから、かたわらに坐っていたが、①愚者をよそおい（詳愚）②智慧をひそめ（論智）③おのれの鋭い光をやわらげて（和光）④狂人のような様子をしていた（示狂）。

（巻中・一〇三頁）

①から③は老子に関わる表現をもとにしている。①老子は儒家を批判する中で「さかしらな智を捨てよ」といい、儒家の「智」を否定する（『老子』）。②老子は「愚」について「君子の容貌は愚かものようであるべきだ」と愚かさを肯定的に述べている（『史記』老子伝）。③「光を和らげる」という表現は、能力をギラギラと見せつけないことを意味する（『老子』）。虚亡隠士の描写は老子の理想を体現したものとして描かれている。というと虚亡隠士は道教を真に理解しているかのようだが、空海は実は道教の真髄が分かっていない偽物として描こうとしている。これについて順に見ていこう。

虚亡隠士が④「狂人のような様子をしていた」とされるのは何故であろうか。中国には〝狂人〟をよそおうことについて長い歴史がある。すでに儒教における「狂と聖」の関わりについて見たように両者はきわどい関係にある。ここでは「狂人」に比せられる虚亡隠士の風貌を確認し、その起源を探ろう。

> 頭髪は蓬のように乱れ、ぼろぼろの服を着ている。その彼はどかっとあぐらをかき（箕踞）、にっこりとほほえみ、唇を開き頬をゆるめて、ゆったりと語りだした。（巻中・一〇三頁）

虚亡隠士は乱れた髪をしており、ぼろぼろの服を着ている。これは六朝時代に流行した「竹林の七賢」に代表される文人の風貌を踏まえている。竹林の七賢のうち、阮籍は魏晋の交替期（三世紀）における血みどろの政治に巻き込まれることを嫌い、大酒を飲みながら好んで老荘思想について清談した人物である。阮籍は〝白眼視〟の故事で有名で、俗物との会話では目を白眼にして相対したという。空海は『聾瞽指帰』では阮籍になぞらえ蛭牙公子をばくち好きと形容している（巻上・二七頁）。「蓬のような頭髪」も阮籍の形容としてよく用いられる。「ふり乱れた髪」（被髪）は狂人やそれをよそおう人の形容でもある。「どかっとあぐらをかく」礼儀を欠く座り方（箕踞）も阮籍の形容としてよく使われる。

ぼろぼろの衣については隠者を象徴するだけでなく、六朝時代には特別な意味があったと近代中国文学者の魯迅が指摘している。当時の文人は長生や健康のために薬石を服用していた。当時の薬物に対する知識には誤りも多く、水銀を服用することさえあった。『聾瞽指帰』では虚亡隠士が『抱朴子』『本草経』に基づいて薬石を紹介している。これは、薬石が長生を説く道教と深い関わりがあったからである。魯迅によると、薬石の一種を服用すると、服が肌に触れるとかゆくなるので、ぼろぼろの衣を着る必要があったという。

ここで、虚亡隠士が唇を弛緩させ、ほほをニターと緩めるさまは禅画に描かれる寒山と拾得の表情そのものである（図2－3）。

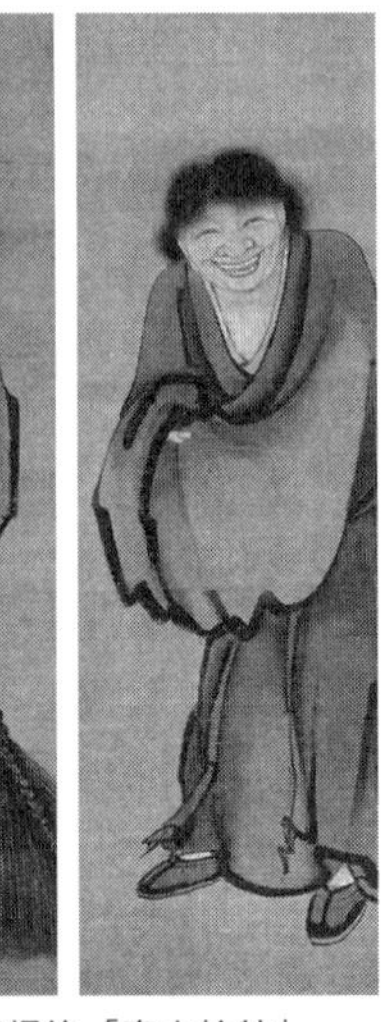

図2－3　伝顔輝筆「寒山拾特」
二人の異様な風貌は世俗を超越する「風狂」を体現するものとして中国・日本で好まれる画題となった。森鷗外の小説でも知られる

寒山と拾特は唐代の伝説的な仏教者で、僧侶というよりは童子のようななりをしている。彼らは他の僧侶とは異質で風変わりな言動をし、深い真理を会得していたとされる。寒山と拾特は禅の系譜・つまり仏教者に分類されるが、狂気をまとったような「風狂」の言動は道教・仏教に共通して見られる。

このように虚亡隠士の様子や風貌を表現する際に、空海は老子にまつわるイメージやそれを引きつぐ六朝の老荘趣味の文人、さらに風狂の風貌をきわめて巧みに取り入れている。

ただし道教を説く虚亡隠士も、仏教より低く位置付けられる。そのため亀毛先生に儒家の悪者・紂王のイメージが潜められていたのと同様に、虚亡隠士をおとしめる伏線も潜んでいる。詳しく読んでいこう。

「狂」をよそおう隠者たち

儒家は「聖」を模範として探究し、道家はそれに対する批判として「狂」に親近感を寄せる。このように単純な対立構図を描くことはできる。しかし儒家でも、「狂」は常にネガティブな意味しかないわけではない。『論語』には接輿という楚の狂人の話が伝えられる。接輿は「政治に近づくのは危ないぞ」と謎めいた歌を歌いながら孔子の近くを通りかかり、孔子が問いかけようとすると小走りで逃げて行ったという。接輿の話は『論語』の中でも不思議なエピソードであり、道家の『荘子』にも取り入れられている点できわめて例外的である。接輿は確かに狂人ではあるが、儒家においても何らかの真理を会得している人物とされている。

また賢者が残忍な君主からにらまれないように「狂」をよそおうことがあった。最古の例は、本章でたびたび取り上げている暴君・紂王の時代に見られる。紂王には悪政を直言して諫めた比干という忠臣がいた。その比干に対して紂王は「賢者の心臓には七つの穴があるそうだからお前の心臓がそうかどうか確かめてやろう」といって心臓を取り出させて殺した。このような状況を見て箕子という人物は「狂を詳おって」紂王の目から逃れた。紂王が周の武王によって倒されると、箕子は賢者として召し上げられることになった。『聾瞽指帰』の中では、比干と箕子は忠の代表的人物として挙げられる（巻下・一六〇頁）。

正常と狂気にはコインの表裏のような関係がある。紂王の世のように世の中が狂っているとき、正常にふるまうことほど危ないことはない。狂をよそおって生き延びた箕子のエピソードはこのことを象徴的に表している。中国古代には、知識人は禄を得るために政治の表舞台に立つか、危険な表舞台から逃れるか、選択を迫られることがしばしばあった。単純な図式化には注意を払う必要があるものの、儒家が君主に仕え、俸禄を得つつ、政治を改革する聖を理想としたのだとすれば、道家は俗世から離れる狂に価値を与えようとしたということができる。

陳腐化する狂人と虚亡隠士

道家には政治を正しい方向に改革しようと努力する儒家を批判して、逆説を好み、価値観を転換させようとする特徴がある。しかし逆説というのは常識をひっくり返す意味では痛快であるものの、時代が経つにつれ陳腐化しやすい。道家が重点を置く「狂」も形式的な模倣者を生み出していく。この模倣者の例を挙げておこう。

唐代の僧侶である道宣の『続高僧伝』（六四五年成立）に登場する衛元嵩は道士として仏教弾圧を扇動したため、仏教側からは悪名高い人物である。衛元嵩は師から「名声を欲しようとするなら狂人をよそおえ」と言われたのでその通りにすると、人が群れをなして集まるようになったという。ここでは「狂をよそおう」ことがインチキな道士として描かれていることが確認できる。「風狂」というスタイルがひとたび生まれると、今度は道士の衛元嵩のようにそれをよそおうことで世に入れられようとする、ずるがしこい人物も登場した。このように空海以前にも形式を模倣しただけの道士たちが描かれていた。それでは虚亡隠士はどのように位置付けられるだろうか。

儒教の篇で見たように、空海は亀毛先生に殷の紂王のイメージを忍び込ませ、表向きは立派に儒教を述べさせながらも実は即物的な富貴を求めさせる人物として描いた。さらに最後は「道」に対する理解を欠いた表面的な教誨で締めくくった。それと同じように、虚亡隠士は一見すると世俗を超越したような態度をしているし、実際に「俗人には道教の神秘的な深遠な教えが分からない」としきりに説いている。

およそ世俗の人々（俗人）の熱愛するものは、求道者（道侶）にとっては大いなる禁忌なのだ。

（巻中・一〇八頁）

離此於俗尤難、　熱愛するさまざまなものから離脱することは世俗の生活のなかでは大変困難であるが

絶此得仙尤易、　それらを絶ち切れば仙術を習得することも甚だ容易である。

（巻中・一〇八頁）

このように虚亡隠士が自分のことを超俗していると標榜しているところに、仏教を代表する仮名乞児は醜い姿でひょうひょうと現れる。仮名乞児は虚亡隠士よりもはるかに「風狂」であり、世事を超越しているものとして描かれている。仮名乞児の登場とその発言に驚いて、隠士は「あなたの様子は世間一般の人と異なっています。頭には一本の毛もないし、身体には多くの物をもっています。あなたはどこの州のどこの県の人で誰の子ですか」と問う。これに対して仮名乞児は「大笑い」する（下巻・一六八頁）。ここで仮名乞児が「大笑い」するのは、俗を超越していると自称する虚亡隠士の

図2－4　横山大観「老君出関」（福井県立美術館所蔵）
老子が牧童に牛を引かせ、西の果てにある関所に向かう画題は老子の超俗性を示すものとして文人に好まれた。

質問があまりに俗な質問だったからである。

そもそも「どこの人とも知れない」「最後どのように人生を終えたかは分からない」ような人になることこそ、道家を信奉する人々にとっての理想であった。これがよく分かる例として、有名な老子の伝説がある。老子は牧童をともなって牛に乗って、中国の西の果てにある関所にやってくる。この関所の役人が老子の様子から、これはただものではないと思い、教えを乞うてできたのが五千文字からなる『老子』である。そして、老子は関所からさらに西へと、当時は中国の外側で何もないところにむかってゆき、「その行方は知れない」（『史記』老子伝）。この行方や出自がはっきりしない状態が、道家の理想的な姿であった。

孝を重視した中国において、家系は富めるもののみならず、貧しいものにとっても重要であった。だから誰の子かどこの家系かが明らかであることが望ましい。道家はそのような伝統的な世俗の価値観を否定するから、「姓名はどこのものとも分からない」方が重視される。先ほどの虚亡隠士の質問と仮名乞児の反応はその点を踏まえて理解する必要がある。仮名乞児は以下のように答える。

三界（欲界・色界・無色界）というこの世界全体に私の家はない。輪廻で生まれ変わっていくので境遇も定まったものなどない。あるときは天の世界を国として住み、あるときは地獄が家となる。あなたの妻となることもあれば、父母となることもある。……私は黒々とした髭を蓄えていて、あなたは白髪だからといって、私が年下であなたが年上であるわけでもない。……輪廻をくりかえしているのだから決まった州・県・親があるなどといえない。（下巻・一六八頁）

この発言は確かに仏教の世界観に基づくが、「出身などつまらぬものに何をこだわっているのかね」と虚亡隠士の上をいく、けむにまいたような答えである。仮名乞児がこれに続けて地獄と天の世界について述べると、虚亡隠士は大いに驚いて、「①地獄や天の世界とはどういうものですか、②どうして多くのものをもっているのですか」と質問する。仏教が説く輪廻は、生きるものはみな、地獄を最底辺として、餓鬼・畜生・人間界・天界といった六つ（または五つ）の世界をめぐり、想像を絶するほどの長い期間をかけて生まれかわることである。この壮大な世界観は、インドから伝わってきた仏教が説いた。それは、中国の道教にはない考えであったため、この①の質問は仏教の世界観についてさらに引き出す点で問題はない。

それでは「②どうして多くのものをもっているのですか」というやや不自然な質問はどうだろうか。この質問に対する仮名乞児の答えは、「わずかなものも捨てないのだ（不棄微物）」（巻下・一七一頁）である。これは『老子』の「聖人は物を捨てることはない（無棄物）」という表現を踏まえている。つまり、虚亡隠士は『老子』の教えすら知らずにいることを暴露している。結果として亀毛先生と同様に虚亡隠士も、一見すると道教のもっともらしい教えを説いていながら、道家の理想や老子の考えを理解していないことを示す構造になっていることが分かるだろう。

虚亡隠士に話を戻すと、最後に得意げに世俗のせこせこする生活を描写して、それが皮肉にも値しないとする。

> 世俗の生活をふり返ってみると、貪欲に縛りつけられて、心を苦しめこがし、愛欲の鬼に呪縛されて、精神を焼きつくしている。朝夕の食事のためにあくせくし、夏冬の衣服のために追い回され、浮雲のように定めない富をこいねがい、泡のように空しい財物を蓄えこみ、身のほど知らずの幸せを追い求め、稲妻のようにはかないこの身をいとおしんでいる。わずかな楽しみが朝おとずれると、天上の神仙の楽しみをあざわらい、わずかな悲しみが夕に迫ると、泥にまみれ火の中に落ちたようにもがき苦しむ。
>
> （巻中・一一〇―一一一頁）

一見すると虚亡隠士の教えは世俗の俗悪さをあざ笑い、とらわれない悠々たる道家の精神を高らかにうたうようである。ただし、ここにも道家に対する批判が込められている。上の箇所に引き続いていう。

> そもそも、わが師の教えとそなたの口にする議論、そなたたち儒者の楽しみとすることとわが道教の徒の好むことと、いったいどちらがまさり、どちらがすぐれているであろうか。
>
> （巻中・一一一頁）

道家の最も重要な考えとして「あらゆる差別・区別を離れること」がある。『荘子』では己を是とし、他を非とする思考を批判している。『老子』も美や善といった価値観を離れるべきことを説く。しかし、虚亡隠士は最後の最後で自己の説が世俗よりも優越していることを高らかにうたっている。このような描写によって、虚亡隠士は『老子』『荘子』が説く教えを本当には踏まえずに、差別的な優越感に浸る俗物であることが示されるのである。

諫言の士がいないことへの風刺

『聾瞽指帰』に込められた道教への批判には、第1章で紹介した典薬寮という官僚組織が関わってくる。典薬寮で学ばれていた内容は道教そのものではないが、不老長生をめざす薬学は道教ときわめて関係が深かった。また典薬寮は天皇の健康を守る官僚を養成する機関でもあったため、そこで学んだものは、主君に忠を尽くすこと、つまり諫言することが期待されていた。まさに「良薬口に苦し」の諺どおりの役割を担う機関だった。そもそも「良薬口に苦し」の諺は、「忠言は耳に逆らう」と対で用いられるように、君主が臣下より諫言を聴く際の譬えである。『聾瞽指帰』の道教の篇の一部は、典薬寮の官僚を諷刺していると考えられる。

典薬寮との直接の関係がうかがえる箇所を虚亡隠士から見ておこう。虚亡隠士は登場してから次のように亀毛先生に言う。

如卿療病、不如不治、　きみのような治療の仕方なら、治療せぬほうがましというものだ。

（巻中・一〇三―一〇四頁）

これは薬学についての書『新修本草』にある諺を踏まえたものである。典薬寮では古くは陶弘景が著した『本草集注』が用いられていた。唐代になって『本草集注』をもとに新たな項目を増やしたものが『新修本草』である。典薬寮は七八七年にこの最新の薬学書『新修本草』を教科書にすることを認められている。空海が大学で学んでいたころに和気広世（和気清麻呂の長男）が大学寮でもこの書を講義させている。空海が『本草集注』をもとに虚亡隠士に発言させているのは、きわめて鮮明に同時代の雰囲気を伝えている。

第1章で述べたように、天皇の健康を管理し、養生を勧めることは典薬寮の重要な役割であった。しかし、齢六十を超えた桓武天皇の放縦な生活を典薬寮の官僚たちがたしなめたようには到底思われない。強権的な専制君主の処罰を恐れて医薬担当の官僚たちは何も言わなかったのであろう。

従来、『聾瞽指帰』の道教の箇所は主に『抱朴子』に基づくとされてきたが、それ以外でも重要な解釈が可能である。虚亡隠士は、秦の始皇帝や漢の武帝が、絶大な権力をもってしても長生の仙術を得られなかったことから、一般の人々にそれが叶うはずはないという説に対して、次のように言う。

また昔、秦の始皇帝や漢の武帝は、心では仙人となることを願ったが（内心願仙）、することは俗人とかわらず（外事同俗）、妙なる音楽の調べに耳はつぶされ、美しい衣服の輝きに目はくらまされ、美女たちを離すことなく、贅沢な食事を欠かさなかった。屍は積み上げられて高台となり、流れる血しおは川となる残忍さ。

（巻中・一〇六頁）

漢の武帝や秦の始皇帝に対する批判と、彼らのふるまいの結果として血が流れ、骨が高台のように積み上げられた様子は『抱朴子』に書かれている。ここまで見てきた限りでも『聾瞽指帰』に歴史上の暴君をふまえて批判する意図が込められている。そこで『抱朴子』には明らかに基づかない箇所にも注意すると、空海の意図がここでもまた桓武天皇を批判することにあったと分かる。

第1章で述べたように、桓武天皇は中国風の祭祀を好んで行い、神泉苑を建設中であった。神泉苑は『聾瞽指帰』にも描かれる中国東方に浮かぶ伝説の島や西王母（巻中・一〇六頁、一〇八頁）といった不老長生のモチーフを多用した庭園と考えられる。平安京では神泉苑と大学寮は隣り合っていた（本書193頁、図3－6）。空海が大学に通うすぐ隣では、遊興のための巨大な庭園・神泉苑が徴用された多くの人々によって造営されていた。人々の家からかまどの火が立たないことをいたんで、宮殿がみすぼらしくなっても修理をさせなかった「聖帝」仁徳天皇とは何とかけ離れた君主であろうか。そして君主に非があれば諫めるべきことを理想とする儒教を教えていながら、大学寮の教官たちは桓武天皇について何も言おうとしない。空海は大学で学ぶことに空虚さを感じながら、神泉苑が造営されているのをこんな思いで日々眺めていただろう。元号に「延暦」を採用したことからも分かるように、桓武天皇は不老長生を願っていた。だがその一方で実際にはきわめて多くの殺生を行っていた。これは漢の武帝や秦の始皇帝と行ったことと変わらない。空海が何よりも批判したのはこの点である。虚亡隠士はこの二人の皇帝を徹底的にこき下ろす。

秦の始皇帝や漢の武帝といった連中は、それこそ道教の世界における糟や糠みたいなものであり、仙術を愛する人間のなかの瓦や小石みたいなものである。まことに深く憎むべきやからである。

（巻中・一〇七頁）

空海がこの二人の皇帝を桓武天皇になぞらえていることは明らかであろう。さらにこの二つの引用のうち、先に見た「内心願仙、外事同俗」と心の内側と行動の矛盾を批判した箇所は、漢の武帝に対して直言をもって諌めた汲黯という道家の人物のエピソード（『史記』汲黯伝）をもとにしている。汲黯は『漢武故事』やそれを引用する『芸文類聚』にも登場し、当時よく知られていた。諌言とは一般には儒家のイメージが強い。しかし中国で儒家が統治階級の主流となる以前の前漢初期には、道家である汲黯は公孫弘など主君にへつらう儒家たちを嫌い、漢の武帝にはばかりなく諌言した。そもそも武帝は激情にまかせて『史記』を著した歴史家の司馬遷に対し、男性器を切断する宮刑という刑罰を加えたほどの残忍な専制君主であった。そのため臣下たちは武帝におもねることが多かった。

あるとき汲黯は国中の儒者たちを招き入れようとした武帝に向かって、「陛下は心の内では欲望が多いのに（内多欲而）、外側だけは仁義で飾ろうとしています（外施仁義）。これで古代の聖人の治世とどうして同じといえますか！」と述べた。武帝は顔色を変えて怒って退出した。周りの者たちは顔面蒼白となった。汲黯はさらに周りの臣下たちに「天子が臣下を置いているのはこびへつらって、君主を不義に貶（おとし）めるためではないでしょう。臣下として、どうして自分の身を案（あん）じることを先にして、朝廷を辱（はずかし）めることができますか」と述べた。おそらく中国の長い歴史の中でももっとも鮮烈な直諫（ちょっかん）の例であろう。武帝は一時は激情にかられたが、普段から汲黯には他の高官や大将軍には見せないほどの敬意を払っており、この後落ち着いたという。

空海はここで漢の武帝や秦の始皇帝にことよせて、内心と外面の行動の矛盾を指摘した汲黯の言をふまえ、「内側では仙人を願いながらも、外側では俗人と同じ」とすることで、桓武天皇の臣下たちには汲黯のような直諫の士がいないことを諷刺している。

『聾瞽指帰』から『三教指帰』に改める際に書き替えられた本文はごくわずかである。わずかな中でも最も書き換えられたのは虚亡隠士の項で、薬や諫言に関わる記述が整理されている。若き空海は道教の項目でも桓武天皇の治世において臣下としての忠のあるべき姿がなされていないことを訴えたのである。

菅野真道（すがののまみち）は『続日本紀』の完成を寿（ことほ）いで、新京建設・蝦夷征討を強行する桓武天皇に対して、中国で徳をもって天下を治めた堯（ぎょう）・舜（しゅん）のような君主であると絶賛した。それは果たして本当の忠義なのだろうか。人々を困窮（こんきゅう）に巻き込む主君を諫（いさ）めないこびへつらいではないか。主君である桓武天皇に向かって真っ向から無道であると諫めることが真の忠義ではないか。これが空海の真意であったろう。

4　仏教の篇――真の忠孝とは何か

なぜ仏教が儒教・道教よりも優れているのか――業と輪廻

三段構成の『聾瞽指帰』は仏教の教えを説くことでしめくくられる。仏教が最高の段階であることを説得するため、仏教の記述部分が最も長い。儒教・道教の記述部分は通常の文で著されていたのに対して、仏教の項目では文章の他に頌や賦といった詩の要素が取り込まれ、最後に十韻二十句の五言詩が置かれる。

さらに空海自身をほうふつさせる仮名乞児の容貌の描写から始まり、讃岐（現・香川県）の出身であることや二人の兄が亡くなったという家庭の事情が述べられる。さらに正式に認められたわけではない僧（私度僧）との交流や石鎚山（現在の四国山地西部）などでの修行、人々との出会いを述懐している。例えば仮名乞児は住之江（現・大阪市住吉区）で若い女性（須美乃曳乃宇奈古乎美奈）と出会い、心を動かされたと記している。住之江は第二十九代天皇・欽明天皇の時代の実力者、大伴金村が讒言により隠棲した場所であった。空海は大伴氏の当時の拠点をあえて挙げていると言える。仏教の記述部分についても、一般的な仏教の教えが説かれていると今まで理解されてきた。確かに初学者向けの仏教の教えが美文体で冗長に示されている。

空海はどのような点で仏教が儒教や道教より優れると理論的に説明するのだろうか。最大の理由は、儒教と道教が現世に重点を置くのに対して、仏教は前世・来世を含んだ三世を説く点である。

仏教の教えが中国に伝わったときにどのようなインパクトを与えたかを知るため、仏教が伝わる以前に著された『史記』の記述を見てみよう。殷から周への王朝交代期に伯夷・叔斉という兄弟がいた。そのときに殷王朝最後の王として君臨していたのは、これまで度々、紹介した紂王である。周の武王に紂王が倒された後も伯夷・叔斉は殷に最後まで忠をつくそうとした。殷が滅びた後、二人はつぎの王朝である周に仕官することを求められたが、「周の粟は食らわず」といって臣下となることを拒否し、首陽山に入ってワラビをとって暮らし、ついには餓死したという。

『史記』の著者である司馬遷が伯夷・叔斉と対比したのが、第2節で孔子をやり込めた大盗賊として紹介した盗跖である。盗跖はこの世で快楽の限りをつくしたにもかかわらず、特に苦しむこともなく死を迎えたという。司馬遷は伯夷・叔斉と盗跖の人生を比べて、忠義をつくす誠実な人物がこの世で報われないことがある一方で、悪や快楽の限りをつくしても罰がない現実を目の前にして、「天道、是か非か（天の道という道理は果たして善といえるのだろうか）」と惑い、答えを見つけることができなかった（『史記』伯夷伝）。司馬遷の時代にはまだ仏教は伝わっておらず、現世のみで倫理を問うしかなかった。確かに現世を中心とする考え方では、この不条理な問題に解決をつけられないであろう。

司馬遷が回答を放棄せざるを得なかった問題を解くカギとなったのが、仏教の〝業〟という考え方である。業はインドの言葉であるカルマ（行為）の翻訳語であり、現在の行為が後に何らかの影響を及ぼすことをいう。つまり善い行いは後に楽をもたらし（善因楽果）、悪い行いは後に苦をもたらす（悪因苦果）。業は肉体の死を超えて輪廻がつづく限り、来世で受け継がれる。悟りを得てこの輪廻を抜け出すのが仏教の最終目標である。

この業の考え方によって、司馬遷が解答を放棄せざるを得なかった問いに対して、明確な解決を与えることができる。つまり現世で誠実であっても苦しい死を迎えるのは、前世における何らかの悪い行為の結果と考えられる。また現世で誠実に生きたにもかかわらず報いられなくても、来世で楽の果報がもたらされる。一方、現世で悪と快楽の限りをつくしても、苦しむことなく死ぬことはありうる。しかしその悪や快楽の行為の結果、盗跖のような悪人は死後の世界で苦しい報いをうけると説明できる。この因果応報のロジックは当時、仏教に惹きつけられた中国の人たちにとって、素朴に納得のいく考え方であった。現代のわれわれは仏教の説く前世・来世の考えに納得できないかもしれない。それでも、過去の人たちが善悪の問題を目前にしたとき、業と報い、前世と来世という考えに大いに納得したことは想像できるだろう。

三世を説くゆえに仏教が道教よりも優越するという主張は、空海が参照した吉蔵の『三論玄義』をはじめ多くの仏典に見られ、空海の独創ではない。若き空海が三世を重視した理由は後に見る。三世を説いていることを踏まえて、まずは仏教の項目で用いられている賦や頌といった形式について解説しよう。

頌・賦の意義

頌は『詩経』と同様に一句四字の形式からなる。『詩経』の詩は当時、序とともに理解されるものであった。『詩経』の大序には詩がもつ六つの意義が挙げられていることは第1章で見た。そこには詩の意義として為政者を諷刺することが挙げられていた。

仏教の項目では途中でやや唐突に「ある人」が登場して仮名乞児に忠孝を行うように勧めるエピソードが挟まれる。その人は仮名乞児が、修行で私度僧などのいかがわしい人々と関わっていることは祖先を辱めるとして、忠孝が重要であるとして仕官を勧める。それに対して仮名乞児は親への恩を忘れたわけではないと答える。

仮名乞児は低い能力しかない自分を臣下として採用してくれる君主はおらず、俸給を期待する年老いた両親がいる中で「進退きわまる」と嘆き、その後で『詩経』をまねた四字一句の頌をうたう。

肆力就畝　曾無筋力　農場で肉体労働をしようにも、肉体の力などとんとなく、

扣角将仕　既無甯識　おのれを売りこんで仕官しようにも、かの甯戚ほどの才覚もない。

無智在官　致譏空職　頭のさえもなしに役人になっても、いたずらに能なしと譏られる。

有貪素飡　遺誡尸食　欲張って禄を盗めば、ただ飯くらうなとは古人の戒め、

濫竽姦行　已尤非直　ごまかして職に就く姦な行為は、とりわけひがごとの最たるもの、

雅頌美風　但聞周国　雅頌のうたの美しき風は、そのかみの周の国のみに聞かれる。

彼孔縦聖　栖遑不黙　かの偉大な聖人孔子は、せかせかと仕官を求めて静黙を守らなかった。

此余太頑　当従何則　このおおたわけの私は、いったいどのような生き方に従えばよいのか。

欲進無才　将退有逼　進んで仕官しようとすれば身に才能がなく、退いて静黙しようとすれば貧しさに追い立てられる。

進退両間　何夥歎息　進むと退くとのジレンマのなかで、ただただ洩れるのはため息ばかり。

（巻下・一六二―一六三頁）

この頌は当時の対策文にも見られる「国家運営のために有能な人物をいかに見出すか」（鑒識）がテーマである。仮名乞児は頌の中で才覚がない自分が仕官して俸禄を得ることはただ飯食らいであり、誠実な行為ではないという。ここでは「南郭濫吹」という『韓非子』の故事を踏まえている。空海は『聾瞽指帰』でこの故事をあわせて三回（序文・頌の前段・頌）も用いている。戦国の七雄のうち、東方で栄えていた斉の宣王は竽という笛の合奏を好み、三〇〇人もの楽師をめしかかえていた。そこに斉の城下の南に住んでいた無官のもの（南郭処士）が竽を吹く技能をもたないままに、その合奏団に紛れ込んで禄をもらうことに成功した。ところが、宣王の後を継いだ湣王は一人での演奏を好んだので、その楽士は自分が演奏できないことがばれることを恐れて逃げ出したという。つまり「南郭濫吹」は無能の者が才能があるように見せかけて俸禄を食むという故事である。空海はこの故事を用いて「自分には能力がない」と謙遜をしているが、自身で本当に思っているわけではない。このような謙遜の用法は奈良時代の詩文集『懐風藻』にも見え、その方が一般的である。むしろ重要なことはこの頌を始める前段で、空海は「すでに竽を好むような君主はいない」と述べていることである。今の君主は桓武天皇であることは当時の読者には明らかである。楽師の能力、つまり臣下の能力を見極められないような王はいない、つまり桓武天皇は能力を見極められる人物であるということになる。しかしこれは強烈な皮肉であろう。確かに桓武天皇は即位直後に能力本位で清廉な人物を登用すると宣言してはいる（『続日本紀』七八一年）。即位直後に発した宣言であるから当初その意気込みはあったのであろうが、現実は理想どおりにはいかない。能力による採用をうたいながら、桓武天皇は母の出身でもある帰化系氏族を基盤固めに重用した。旧来の氏族出身である空海にとっては縁故採用に見えたであろう。

ここで帰化系の百済王勝義（空海の六歳年下）と大伴氏の伴友足（空海の二歳年下）の興味深い逸話を紹介しよう。勝義は鹿をしとめるとその肉を自分で独り占めする一方、さっぱりとした性格の伴友足は鹿をまず天皇に献上し、残りの肉も仲間たちに分け与えた。人々は冗談で、友足が死後に地獄に落ちたなら我々が必ず救い出すが、勝義が間違って浄土にいったら訴え出て地獄に落としてやろう、といったという（『続日本後紀』八四三年）。極端な例であったろうが、この逸話は桓武天皇が重用した百済王氏の中には増長して嫌われたものがいたことを捉えている。先に述べたように「南郭濫吹」の故事は一般に才能のない自身を謙遜して述べるために用いられることが多い。しかし空海はこの故事で君主に焦点を当て、「桓武天皇は佐伯氏出身の自分が有能であっても採用することはないだろう、裏を返せば無能な人材を登用している」と諷刺していると言える。

以上の問答に続いて、再び仮名乞児は各地を転々として仏教の修行をする。しかしおなかが空いてきて、たどり着いたのが兎角公の館であった。ここを舞台にこれまで紹介してきた儒教と道教の説教ドラマが繰り広げられていた。仮名乞児は、仏教が説く「あらゆるものは無常である」という考えを披露し、亀毛先生と虚亡隠士の議論をちっぽけな虫たちの争いに過ぎないとする。

仮名乞児は仏教の輪廻転生という考えに基づいて、あらゆる生き物は動物を含めてみな兄弟のようなものであるから、定まった出自や決まった親などはいないと答える。そのうえで自分が日本の讃岐で生まれたことを紹介し、年齢を二十四歳と明かす。ここに仮名乞児が空海の自画像であることが示される。

仮名乞児は地獄にいるという馬や牛の頭をした獄卒や天の様子を伝え、自分も昔は天や地獄について疑問をいだいていたが、今ではそれを信じるに至ったと話す。人々の救済と慈悲を仏教の主なる教えとし、釈尊の生涯を描く。釈尊が亡くなった後に、弥勒菩薩が悟ることを皇帝の即位に譬えて述べる。そして即位を知らせる檄文が各地に送られたので仮名乞児はそれを受け取り、弥勒菩薩のいる兜率天に向かっているところ路に迷い、食べ物がなくなって兎角公の館の前にたどり着いたという。そこで「無常の賦」をうたう。

当時の大学では五経を始めとする儒学の典籍が教科書として学ばれていた。その一つ『周礼』は漢代の鄭玄という学者が著した副読本（解説書）と併せて学ばれていた（学令第六条）。『周礼』は淡々と官職の人数や官が担当する項目を列挙していく無機質な内容が多い。そのためそれを理解するには鄭玄による副読本が必須であった。『周礼』にはその一つとして詩の六義（風・賦・比・興・雅・頌）が挙げられる。その二つ目の賦について鄭玄は次のように解説する。

　賦というのは並べ挙げることである。真っ直ぐ現在の政治の善悪を並べ挙げるものである。

（鄭玄『周礼注』）

賦にはある事柄に関連して、さまざまなものを列挙していく「ものづくし」と呼ばれる形式がある。

それに加えて鄭玄は「現在の政治の善悪」を述べ挙げるという意義があるという。それでは空海による「無常の賦」「生死海の賦」はどうなっているだろう。

「無常の賦」の冒頭は仏教の世界の成り立ちと崩壊を描く。無常のありさまを法数という数字を用いた教義（四苦八苦、十二因縁、三毒、百八煩悩など）を対句にして四六駢儷体で描く。一般的な教義が並べ挙げられ、無常と崩壊を具体的に示すものとして、美しい女性が死に、九つの段階をへて無残な姿になっていく姿が描かれる。このような描写は「九相」と呼ばれる。道教の説く霊薬や秘密の香木によっても死は免れない。さらに生前に快楽を極めた報いとして死後におちる地獄の恐ろしい様を描きだす。それを解決するのが仏教であると説く。このようなむごたらしい死や恐ろしい地獄の描写を聞いて、亀毛先生らは気絶してしまう。

> 亀毛先生らは大量の酢が鼻に入ったようにしゅんとした気持ちになり、大量のからしを喉に通したように肝もただれる思い。火を飲み込んだわけでもないのに腹は焼けるばかり、刀で突きさされたわけでもないのに胸と腹は焼けるばかり。……あるいは恐れおののいて気を失い、あるいは悲しみにうちひしがれて気絶する。
>
> （巻下・一七六頁）

仮名乞児は水瓶を手に取り、まじないをかけ、亀毛先生らの顔に水をそそいでやる。息を吹き返した亀毛先生らは自分たちが「小さな快楽にふけって」いたが「わたしたちの奉じていた道（儒教と道教）が浅薄なものであることを悟り」、仏教の究極の教えを説くように仮名乞児に乞う。

『聾瞽指帰』の仏教の項目の冒頭部分を振り返ると、仮名乞児はみすぼらしい身なりで登場し、この時点では立派な人物でも無条件で信頼されるような人物でもない。ところが、仮名乞児が地獄を説くのを聞くや亀毛先生らは気絶するという極端な変調を伴って描かれる。このように亀毛先生らが仮名乞児の説に心からゆり動かされる描写と比べると、蛭牙公子が亀毛先生のありきたりの説にただ「唯唯」として納得した様子は、あまりに単調であることが今では十分に分かってもらえるだろう。そしてさらに仮名乞児は「生死海の賦」をうたう。

輪廻のことを仏教では「生死」という。「生死海の賦」では輪廻の苦しみを激しい荒波や雷の鳴る海に譬え、さらに人間のさまざまな煩悩を魚や鳥、獣たちに譬える。煩悩を魚や鳥に譬えるのは、木華の「海賦」や郭璞の「江賦」に描かれた魚や鳥の描写をもとにしたものであるが、空海の意図はそれを模倣して仏教を描くことにとどまらなかった。『三教指帰』の方の「生死海の賦」を引用する。

> 魚類についていえば、貪欲なもの、怒りっぽいもの、ひどく愚かなもの、ひどく欲ばりなものがおり、……鰭を挙げ尾をばたつかせ、口をあけて食べものを求める。（巻下・一七八頁）

> 鳥類についていえば、へつらいだますもの、讒言しおもねるものなどがおり、翼をととのえて道にはずれた方向に飛びたち、高く羽ばたいて気楽なところに飛んで行く。（巻下・一七九頁）

これらの動物は実際には煩悩を持つ人間の譬えであり、仏教の教えのメタファーであるとこれまで理解されてきた。しかし次の『聾瞽指帰』の「生死海の賦」と比べてみると、それとは異なる二十四歳の空海の意図が明らかになる。プロローグでも引用した一文をもう一度見てみよう。

背道高翥赴楽砰訇□　鳥どもは道にはずれた方向に飛び立ち、天皇の庭の
紫庭之浦沸卉□**丹墀**之沢　入江や沢辺で騒ぎ立ち、羽ばたきする。
（四倒之浦沸卉、十悪之沢）　（四種の誤った見方の入江で騒ぎ立て、十悪の沢辺で羽ばたきする）
彫啄正直之菱　正しくて真っ直ぐな菱の実をついばみ、
唼喋廉潔之藋　清廉潔白な香草を食い散らす。
（カッコ内は『三教指帰』、巻下・一七九頁に相当。本書13頁、図0－3参照）

（）内の『三教指帰』からの引用では、十不善業（十悪）という仏教で誡められる十の行為が挙げられる。そのうち、鳥類の鳴き声を讒言などの言語活動にたとえるため、妄語（言葉によって他人を誑かす）、両舌（争いを構えさせ、仲違いさせる発言をする）、悪口（汚く罵って他者を悩ます）、綺語（飾り立てた無意味な言葉であり、道理に乖く）（『Ｗｅｂ版浄土宗大辞典』）が述べられているように見える。『三教指帰』では「四倒」と「十悪」という仏教用語が用いられているからである。

それに対応する『聾瞽指帰』の箇所では、「紫庭」と「丹墀」という語が□で示した欠字とともに

用いられている。プロローグで述べたように、「紫庭」「丹墀」ともに天皇の朝廷を表すことから、若き空海は単に仏教について述べているのではなく、宮中の佞臣たちによるこびへつらいや讒言、おもねりを諷刺していたのは明らかである。「砰訇」「沸卉」といった難解な語は張衡の「西京賦」を踏まえている。「西京賦」は張衡が皇帝の奢侈を諫めて詠んだもので、なかでもこの句は豪奢な遊猟をするのを誡めている箇所である。このことからも盛んに遊猟を行った桓武天皇への批判が込められていることがうかがえる。「西京賦」が収められている『文選』を知っていた当時の読者には、そのことを理解できたはずである。

この引用にみられる「正直」「廉潔」は幾多の政争に敗北していった職業軍人としての大伴・佐伯氏の家風であり誇りであった。それを宮中に巣くう悪鳥どもがついばみ食い散らかしているという。この箇所は諷刺というよりももはや直接の批判であるといってよい。さらに次のように続く。

豈知雁門之坂、繊羅張列、　雁門の坂にはかすみ網が張り巡らされ、
昆明之池、黏黴普設、　昆明の池には大きな網がずらりとならび、
更羸之箭、前来砕首、　弓の名手、更羸の射かける矢は前から飛んできて頭をくだき、
養由之弧、後放流血、　同じく養由基の射る矢は後ろから放たれて血を流すことなど思ってもみない。

（巻下・一七九頁）

「雁門」は唐の都である長安から東北にあり、異民族からの防衛の拠点である。昆明は中国のはる

か南西部の雲南省の地名である。漢の武帝は昆明にある巨大な滇池を模して長安の南西部の上林苑の中に広大な昆明池を作らせ、そこで水軍を訓練させたという（『史記』平準書）。昆明池は後に宮中の障子図として採用された。まさに宮廷人にとってあこがれの風景であった。昆明池が都の南西にあることも確認しておこう。

ここで再び藤原種継暗殺が関わってくる。長岡京造営を総指揮した藤原種継が弓で射殺された現場は長岡京の嶋町である（『日本霊異記』）。嶋町は嶋院という施設の近くにあり、長岡宮の南西部に位置する。長岡宮の南西は高低差のある段丘になっており、小畑川が流れる。川はせき止めれば池になる。例えば空海が碑銘を書いた益田池は高取川に堤を築いてせき止めた池である。嶋院は名称から判断するに嶋のある池に面した施設であったろう。桓武天皇らはこの嶋院を長安の南西にある昆明池になぞらえていただろう。つまり南西を示す昆明は、藤原種継暗殺事件の現場を当時の人に想起させた。

さらに種継の弓による暗殺は当時誰もが知る大伴氏の射芸と関わっていた。大伴氏は神話では天忍日命を祖先とする。天忍日命は『日本書紀』で次のように描かれる。

> 天忍日命は来目部の祖先神を率い、天磐靫を背負い、臂には威厳ある鞆をひっさげ、手には天梔弓・天羽羽矢をとり、またあわせて八目鳴の鏑を持っていた。（『日本書紀』巻第二・神代下）

靫は弓を入れる筒、鏑は戦闘の際に合図をする音の出る矢であり、これらはいずれも弓矢に関わる。平安時代には大伴氏は同じく軍事氏族である紀氏とともに射芸で著名であった。天忍日命は宮城警護に関わる氏族としての大伴氏の職掌を、神話上の祖先に重ね合わされて造型されている。さて暗殺にはさまざまな手段があり、弓もその一つではある。だが弓の射撃によって相手を確実に死に至らしめるには相当な熟練が必要であろう。藤原種継が夜間に射殺されてから即座に、大伴氏の関係者が逮捕・尋問された背景として、大伴氏が実際に実行したかどうかはさておき、熟練した射芸に大伴氏の指導があることは当時の常識であった。

先にもふれたように、「紫庭」と「丹墀」という宮中を示す用語が用いられ、そこで正直や廉潔を信条とする忠臣を、讒言によって追い落とす佞臣（こびへつらう臣下）たちが巣くっている。その佞臣たちは都の南西で弓矢で射殺されるだろうという不吉な暗示が隠されてある。このような記述は当時の人には藤原種継暗殺事件を容易に想起させた。桓武天皇に阿諛追従する奸臣たちは現世を享楽していても死後には種継が弓で射殺されたのと同様に、厳しい報いを受けるだろうというのが空海の意図であった。

この箇所には朝廷において桓武天皇に唯唯諾諾と追従し、大伴氏・佐伯氏を冷遇・排除する新興氏族たちへの若き空海の批判——自我の想い——があまりに強く出すぎていたのだろう。空海は後年になって、自らも天皇から信任を得ていく中で、かつて抱いていたような強い批判や先祖に対する意識は変化していった。そこで「紫庭」と「丹墀」は『三教指帰』では「四倒」「十悪」という仏教用語に改められた。また『聾瞽指帰』では悪鳥を捕らえ殺す役割であった「網」も、やはり仏教僧の著述としてはそぐわない。そこで新たに書き下ろした『三教指帰』の序文では、網に救いを与える役割を与えている（本書99頁参照）。このことからひるがえって、若き空海は天皇のまわりに侍る臣下・公卿たちにいかに強い憤りをもっていたかがうかがえる。

地獄に現れる蝦夷

「無常の賦」には、『荘子』に登場するトビの話に基づく箇所も注目に値する。トビは捕まえた腐ったネズミを悠々と空高く飛ぶ鳳凰という伝説の鳥に奪われまいと威嚇する。

見鳳見鸞、仰預嚇嚇、　鳳凰や鸞のような霊鳥を見ると、上むいて餌を奪われまいとカアと鳴き、

摯鼠摯犬、俯則咋咋、　鼠や犬を捕まえると踏んづけながらわめきたてる。（巻下・一七九頁）

空海の時代に関連してここで重要なのは、鳳凰そのものではなく、ともに言及される鼠や犬である。蝦夷征討を命じられた大伴駿河麻呂は気がすすまず「蝦夷による被害といっても、野犬や鼠のようにすばしこいこそ泥（狗盗・鼠窃）のように軽微なもので大したものではありません」と報告した。そのような生ぬるい態度に対して光仁天皇は厳しくとがめた（譴責）（本書59頁、表1－1参照）。この「狗盗・鼠窃」は第1章でも紹介した「山の佐伯、野の佐伯」や「土蜘蛛」とも呼びならわされた異民族を指す表現であった（『常陸国風土記』）。

悪鳥に譬えられる佞臣たちは、自分よりはるかに偉大なものを見るとびくびくおびえる一方で、犬

や鼠のように大した被害をもたらさない蝦夷に対しては桓武天皇の威光をかさにきて強気になっているというのであろう。『聾瞽指帰』執筆の五年後、朝廷軍に頑強に抵抗してきた蝦夷の首領である阿弖流為と母礼は坂上田村麻呂に降伏し、平安京に連れてこられた。田村麻呂ら現地で戦った将軍は二人を奥州に返して、蝦夷の鎮撫にあてたほうがよいと進言した。阿弖流為らの指導者としての素質を高く評価したのだろう。それに対して、現地の状況も知らない公卿たちは阿弖流為らを捕えた「梟」にたとえ、奥州に返すのは虎を野に放つようなものだと主張した。梟は中国で残忍な親不孝の鳥とされ、日本では朝廷に敵対した勢力に譬えられる。結果として公卿たちの意見に基づき、阿弖流為と母礼は斬られた。天皇の周りにはべる公卿（悪鳥）たちは目先の利益だけを見て居丈高になっていた様子が思い浮かぶ。

さらに「無常の賦」では、地獄を描く箇所ではやや不自然に「鶏鳴狗盗」の話が挙げられる。これは、つまらない一芸の持ち主でも食客として雇っていた孟嘗君という古代中国の富裕な貴族の話に基づく。あるとき孟嘗君は秦に使者として赴いたが、秦王に捕らえられ殺されそうになった。そのときに孟嘗君に雇われていた狗のようにすばしこく盗みをする男が貴重な宝物を盗み出し、王の寵姫にわいろとして贈ることで一旦とき放たれた。すぐにでも秦から関所を抜けて国外に脱出しなければならないが、追手が迫ってくる。関所は朝になった合図に鶏が鳴くことで門を開ける。そのとき孟嘗君に雇われていた男が唯一の芸である鶏の鳴き声のまねをすると、関所の役人は朝が来たと勘違いし、まだ夜にもかかわらず、門を開いた。こうやって孟嘗君は無事に追手から逃げ出すことができたという話である。空海はこの話をもとに地獄の様子を次のように描く。

欲以珎贖、曾無一瓊瑶、
欲逃遁免、城高不能超、
嗟呼苦哉、嗚呼痛哉、
誰覓鶏鳴之客、早消閇関之労、
何求狗盗之子、克拯極刑之刃、

財宝で罪をあがなおうとしても珠玉ひとつ身につけていず、逃げ出して苦しみからまぬがれようとしても城壁が高くて越えることができない。ああ、なんという苦しさ、ああ、なんという痛ましさだ。むかし孟嘗君がしたように鶏の鳴きまねの上手な男を連れてきて関所が閉ざされている苦難を解消することもできず、こそ泥の名人（狗盗）を連れてきて死刑の刃から身を救うこともできない。

（巻下・一七五頁）

一見すると空海はこの故事を用いて、地獄を饒舌に描写しているようである。だが、「狗盗」は蝦夷や「佐伯」の形容でもあったことを思い起こせば、これが暗喩することとは歴然だろう。ここでは蝦夷の首を多く挙げることに歓喜している桓武天皇やその佞臣たちは、死後に地獄に落ちたときには狗盗とあざけっていた蝦夷は救ってくれないぞとうたっている。

先に空海の時代には、賦は「政治の善悪を並べ挙げる」という鄭玄の説によって理解されていたことを述べた。ここで私が挙げた解釈の細かい点は今後議論されていく必要があるが、「無常の賦」も「生死海の賦」も桓武天皇とその取りまきを空海が痛烈に批判していることはもはや明らかであろう。

三世の意義

ここまで示してきた解釈に照らせば、次の引用で魚類や鳥類を通じて描かれるのは桓武天皇やそれに追従する臣下たちであるのがはっきり分かるだろう。

魚　類

誰もみな永劫の時間にわたる輪廻の苦しみは忘れ果て、ともどもにこの世かぎりの出世と幸福だけを望んでいる。

（巻下・一七八—一七九頁）

鳥　類

飛んでは鳴いて現前の豊かな暮らしにあくせくし、苦痛を覚え、死んでしまうにもかかわらず、未来の苦の果報を忘れている。

（巻下・一七九頁）

それに対して仏教の立場は次のように説かれる。

仏教は極めて長い時間にわたって真理が円満して静寂であり……前世・現世・後世の三世にわたって完全におだやかな境地である。

（巻下・一八二頁）

空海が三世の説を最後に取り上げたのは、どういう理由だろうか。仏教の考えが広まっていた前近代でも、誰もが三世という考えを無条件に信じていたわけではなかった。前近代でも意気盛んで人生を謳歌している人々は、来世における報いを往々に軽んじていた。これがよく分かる例が、本書で中心的にとりあげてきた桓武天皇である。専制君主として桓武天皇は、大伴氏を粛清し恐れられ、蝦夷の斬首を祝し、また後宮での生活を謳歌していた。桓武天皇は老年になっても狩猟に出て、夜を冒して豪気に酒宴を催していた。その桓武天皇も死期を迎える段階になって、ようやく死後の報いに恐れおののき、藤原種継暗殺事件で断罪した大伴氏の人物たちを赦免し、鷹狩りに用いた犬を僧侶の前で放たせた。

この桓武天皇がまさに意気盛んであったときに空海は『聾瞽指帰』を著した。繰り返し述べてきた通り、来世の報いに思いをはせず、放縦なふるまいをする蛭牙公子は桓武天皇をモデルにしたのだろう。空海が三世を説くゆえに仏教が優越するとしたのは、仏教の既存の説をただ踏襲したのではない。空海は新しき都・平安京の寿ぎと『続日本紀』の桓武天皇への礼賛を目のあたりにしたが、大伴・佐伯氏につらなるものとしてそれを受け入れることができなかった。つまり桓武天皇に象徴されるような、現世を謳歌する雰囲気に空海は疎外感を抱いていたといえる。そして世俗の権力を超えた存在として仏教が若き日の空海の救いになっていった。

それは「生死海の賦」を聞いて納得する亀毛先生らの感情に投影されている。

わたしたちがもし不幸にして和尚にお目にかからなかったならば、いつまでも眼前の欲望におぼれ沈んで、かならずや地獄・餓鬼・畜生の悪い世界に落ちてしまっていたことでしょう。（中略）かの周公・孔子の儒教や老子・荘子の道教などは、なんと一面的で浅薄なものであることか。

（巻下・一八五頁）

物語の最後に空海は三教について「十韻の詩」を詠んでいる。儒教と道教については以下のような評価がなされている。

孔子の教えも老子の教えもふたつとも始まりとして現世のことを重視するが、終わりの来世のことについて考えることを怠っている。

（『聾瞽指帰』十韻の詩）

十韻の詩は『三教指帰』では全く新しく書き直され、『聾瞽指帰』のように現世や来世のことはうたわない。二十四歳のときの空海は仏教が優れていることを示す理論として三世の説を重視し、現世を超えることを説く仏教の説に自己の救いを見出した。さらに空海は仏教に世俗の権威を超える価値を見出していく。

世俗の帝王ではなく仏に向けられた忠

『聾瞽指帰』は頻繁に仏教の開祖である釈尊を王や皇帝に、菩薩を臣下に譬えている。菩薩とは悟りを目指して修行する人の意味で、完全に悟りを得た如来と呼ばれる仏陀・釈尊よりは下位にある。空海は自身を投影する仮名乞児を「法王の子」としている。

おのれは法王すなわち仏陀の子である。**虎豹の威力をもつ鉞**をかかえ、蟷螂のちっぽけな斧をおしつぶしてくれよう。

（巻下・一六六頁）

ここでは『荘子』に収められる「蟷螂の斧」という、自分の実力も顧みずに大きなものに立ち向かう人物についての話を踏まえている。一方で「虎豹の威力をもつ鉞」の典拠は明らかでない。空海は自らを仏陀の子と宣言するだけでなく、勇猛な虎豹としても表現する。これは、宮中の護衛につき、蝦夷を従え軍を率いていた佐伯部出身であることの自負の表れであろう。

仏教に関係する人物を王と臣下に譬える表現は、中国の檄魔文という架空の物語に見られる。中国では皇帝が広大な国土を統治するために官僚組織がいち早く発達し、発給文書も多く作られた。檄魔文とはこの文書になぞらえたもので、官僚組織をパロディとして描く。魔王がいかにも官僚が書いたらしい文書を発給する。それに対して、仏教側は釈尊を皇帝に譬え、軍隊を整えて魔王らを破る、というものである。空海は檄魔文を参考に弥勒菩薩を次に即位する皇帝に譬え、釈尊を「慈悲聖帝」とし、「覚王」や「尊位」「帝号」という称号を与えている。

慈悲の聖帝（すなわち釈尊）が世をさられるとき、後継者である弥勒菩薩や文殊菩薩らに遺言して、仏の教えの印を弥勒菩薩に授け、文殊菩薩や迦葉菩薩らに檄文を各地に頒布し、即位を人々に告げるようにされた。私はその檄文の趣旨をたちまちに了解し、……。

（巻下・一七〇頁）

釈尊は重い煩悩をかなぐりすてて真理を悟る尊い位に到達し、煩悩を転じて悟りの境地に登り、永遠の住まいにおいて帝王と呼ばれる……。（巻下・一八二頁）

序文では桓武天皇のことを「聖帝」と呼んでいたが、ここでは釈尊を「慈悲の聖帝」と呼んでいる。空海が釈尊を王や皇帝に譬えるのは、忠の対象を世俗の権力者から世俗を超えた釈尊に移す決意をしたからである。『聾瞽指帰』が著されたのが桓武天皇の治世（ちせい）であることを考えるなら、空海は桓武天皇よりも上位に釈尊を置き、釈尊に忠を果たすと宣言したのである。

空海のその意思がはっきり表れるのは、天皇を転輪聖王（てんりんじょうおう）に譬え、自己の出身を述べる個所である。

これというきまった州や県、親などがどこにあろうか。けれどもこの近ごろのことについていえば、一瞬の幻であるわたしは、南閻浮提（なんえんぶだい）すなわちわれわれの住むこの世界の、日の出（い）づる東方の地域、**転輪聖王**（輪王）が統治する、玉藻（たまも）よる讃岐（さぬき）の島に住んでいる。そしてはや二十四歳の年月を過ごしてきた。（巻下・一六九頁。本書13頁、図0－4参照）

ここでは平出（へいしゅつ）という天皇に敬意を表す形式を用いていることからも、輪王は桓武天皇を指すことは明らかである。一方、「生死海の賦」で転輪聖王たる天皇は中国の伝説的な帝王やインドの神々とともに非常に低い位置を与えられる。

> これにくらべれば、中国古代の聖王とされる黄帝や帝堯、伏羲など仏陀の下足番にもあたいせず、古代インドの神々、**転輪聖王**（輪王）や帝釈天、梵天など仏陀の輿かきも勤まらない。
>
> （巻下・一八二頁）

中国古代の伝説的な聖王に関わる故事や形容は、本来、天皇を讃える際に用いられる。当時の官僚は天皇に関わる文章を作成することが重要な役目であったから真っ先にそのような表現を学んでいた。空海は「生死海の賦」を締めくくる際に仏陀の偉大さをたたえて次のように述べる。

> 一切衆生が太平の世（康哉）を喜び腹つづみをうち土くれを叩き、人民すべてが〝君来たらば其れ蘇らん〟（来蘇）と歌って帝王の功績を意識しない理想の社会を実現し、……仏陀世尊の徳は、まことに高くそびえたって（巍巍）、その高さは比べようもなく、極めようもない。
>
> （巻下・一八四頁）

ここでは、本来は皇帝つまり天皇を讃えるための慣用句がふんだんに用いられている。ただし、讃えられるのは天皇ではなく、仏陀である。ここに込められる空海の意図は、『尚書』に関わる語句の背景を確認すると見えてくる。「康哉」は『尚書』の「主君が聡明で臣下に良心があればあらゆることが**安らかだ**」の「安らかだ（康哉）」という語に基づく。その直後には「君主が細々としたことを差配（さはい）し、臣下が怠惰（たいだ）であればあらゆることが混乱する」と逆のことがうたわれる。康哉の歌がうたわれるのは善政がなされているときである。第1章でも紹介したように、仁徳（にんとく）天皇も民衆のかまどから火が立ち上っていないのを見て、この語を用いて「かつて中国古代の理想的な時代に康哉の歌が歌われていたが今はそれがない」と述べて、民衆の窮乏（きゅうぼう）をいたんだと『日本書紀』に記される。それほどこの歌の意味は日本でも知られていた。

「来蘇」は、紂と並び称される亡国の暴君・夏（か）の桀（けつ）を討ちはたしにきた湯王（とうおう）がやってきたのを見て、民衆が喜ぶさまを指す。東西南北の異民族がぜひ自分のところを征服にきてほしいと訴え、「あなたがやって来たら私たちは蘇（よみがえ）ることができる」という意味である。はたして東北地方の蝦夷たちは大量の斬首を命じる桓武天皇にやってきてほしいと願っていただろうか。

最後の「巍巍」という表現は、『論語』に見られる古代の聖王・堯（ぎょう）を讃（たた）える形容である。菅野真道は『続日本紀』完成時の上表文（じょうひょうぶん）で桓武天皇のことを「魏魏徳容（ぎぎとくよう）」と讃えている（『日本後記』七九七年）。

これらの「康哉」「来蘇」「巍巍」といった語は、本来は善政を行う聖王を讃えるのに使われる。空海が『聾瞽指帰』を執筆した時代背景を考えると、桓武天皇に対する強烈な皮肉になっていないだろうか。というのも桓武天皇は平安京という名前の由来を説明する詔（みことのり）の中で次のように述べている。

又子来之民、謳歌之輩、　子が親を慕（した）うように名君のもとに集まり、舜（しゅん）の即位にことよせてうたう民衆たちは異口同辞、号曰平安京。　異口同音に「平安京（太平で治世が安らかな京）」だと述べた。

（『日本後紀』七九四年）

「子来」の語は『詩経』大雅・霊台に基づく。『詩経』の小序は「名君である文王が天命を受けたことについて、民衆はその霊妙な徳が生きとし生けるすべてのものにいきわたるのを喜んだ」と解釈する。さらに「謳歌」は中国の伝説の帝王である舜が即位するときのエピソードに基づく（『史記』五帝本紀）。つまりこの中国古典になぞらえて、平安京という名前を民衆が喜んで名付け、名君が現れたしるしとして喜ぶという中国の古典に基づいて表現してみせたのである。

現実はどうだったろうか。桓武天皇は長岡京・平安京を相次いで造営し、動員された人民は疲弊しきっていた。平安京の遷都祝福にも多くの蝦夷の犠牲があった。それは桓武天皇のみの問題ではない。民衆や蝦夷の苦しみを見て見ぬふりをして、自分の出世や保身のために礼賛するだけの臣下たちは、本当の忠を尽くしていると言えるのか。殺戮をいとわない桓武天皇を恐れて唯唯諾諾と従っているだけではないか。

これらの桓武天皇礼賛の言葉を空海はまぢかで聞かされていた。それに対して空海は天皇をほめたたえる表現を総動員して仏陀の優位を説くことで、空海が時の天皇・桓武天皇ではなく、現世を超え、世俗の価値を超えることを説く仏教に自分の価値を見出そうとした。

空海にとっての忠と孝

最後に忠と孝について『聾瞽指帰』と『三教指帰』の違いに注目してみよう。『三教指帰』で全面的に書き換えられた序文と十韻の詩とは違って、本文の書き換えは全体の分量からするとわずかである。だがそこには空海の氏族意識が垣間見えるきわめて重要な差異がある（図2－5）。

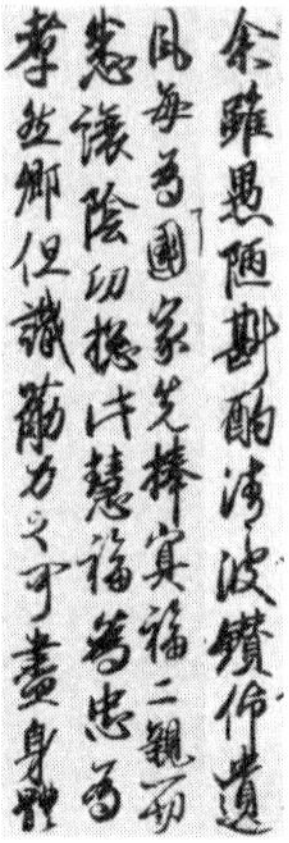

図2－5「清波」

余雖愚陋、
斟酌**清波**、
鑽仰遺風、
毎為国家、先捧冥福、
二親一切、悉譲陰功、
捴此慧福、為忠為孝、

わたくしは、ふつつかものではありますが、
清らかな波をくみ取り、
先祖からの遺風を讃仰しています。
つねに国家のためにまずおのれのかくれた善行の功徳を差し向け、
また父母やすべての祖先に対しても同じ功徳をそちらに向けています。
このような功徳の総和こそ忠であり孝であります。（巻下・一六四頁）

このうち、太字にした「清波（清らかな波）」の語が『三教指帰』では「雅訓（典雅な家訓）」になっている。ここからは「清波」と「遺風（先祖より伝わる家風）」を対句とすることが二十四歳のときの空海の意図であったことが分かる。「遺風」と対となり、ほぼ同じ意味である「清波」とは何か。それを解く鍵となるのは、プロローグでも引用した佐伯全成の取り調べ記録である。佐伯氏を代表して大仏完成を寿ぎ久米舞を舞った佐伯全成は、橘奈良麻呂の変に関わったとされ、取り調べの後に自害した。取り調べでは次のように述べていた。

一度目の拒絶

わたくし佐伯全成の先祖は、**清**明にして時（の天皇）を佐けてきました。わたくし全成は愚かものではありますが、先祖の事跡を失うことはできません。　（本書20頁）

佐伯全成は橘奈良麻呂の誘いは「無道」であると退け、「**清**明」であることが家風であると述べていた。佐伯氏がこの家風を守っていたことは、空海より十一歳年上でほぼ同時代を生きた佐伯清岑の卒伝の「**清**情之操（清らかなこころの操）」という語からもうかがえる（『日本後紀』八二七年）。それは大伴氏にも共通する家風であった。空海より三歳年下の伴勝雄の卒伝には「家風**清**廉」と記録される（『日本後紀』八三一年）。さかのぼって大伴氏の族長であった大伴家持の「陸奥国に金を出す詔書を賀す歌」は大伴氏・佐伯氏の同族伝承を伝える。

丈夫の　**清きその名を**　古えよ　今の現に　流さへる　祖の子どもぞ　大伴と　佐伯の氏は　人
の祖の　立つる言立て　人の子は　祖の名絶たず　大君に　まつろふものと　言ひ継げる　言の
官ぞ　（『万葉集』）

ここで大伴家持はこの大伴氏・佐伯氏は「清きその名」を伝え、「祖の名絶たず」に天皇に仕えてきたと述べる。『日本書紀』に記されるように大伴氏の祖・道臣命は神武天皇より忠を讃えられた。大伴・佐伯氏は武人として天皇を最も身近で守りつづけてきた。大伴家持が次第に傾きつつある家運を感じつつ、その誇りを絶えることなく代々伝えて行け、と一族に訓戒するのがこの歌であった。空海はこのような雅訓を継承し、それを踏まえて大伴・佐伯氏の遺風を「清波」（清らかな波、または清けき波）に譬えたのではないだろうか。

『孝経』によれば後世に名を挙げることが「孝行」の終極であるとする。この両氏族にとっての使命は命をなげうって天皇を守るという「忠」であり、それがそのまま先祖の名を言い継ぐ「孝」であった。天皇に仕えた有力な古代氏族は数多い。その中でも忠がそのまま孝であることは、この両氏族をおいて他にない。

『経国集』には「忠孝相懸」という対策が載せられる。忠孝に関わるテーマを直接扱った対策はこれだけが現存するが、当時の大学で「忠孝」は主要なテーマとして学ばれていた。だが、空海にとって「忠と孝」は他の氏族の子弟とは全く異なり、あまりに自明のことがらであった。

しかしながら藤原種継暗殺事件により、大伴氏・佐伯氏の主要人物が処刑され、『続日本紀』に反逆者として正史に記録された。空海にとって氏族の使命であり誇りとしての「忠孝」と桓武天皇が求める一つの駒としての「忠」にはあまりに大きな隔たりがあった。若き空海は籠にとらわれた自我の憤懣を解き放たずにはいられなかった。

『聾瞽指帰』の中で明らかに親族である「ある人」との問答の中で、本当の「忠孝」はもはや官僚として桓武天皇に仕えることではなく、僧侶となり仏に仕えることで果たされると述べている。それは、この氏族が今まで果たしてきた意義は終わったという過去との決別であった。『聾瞽指帰』は、桓武天皇のもとで自己の誇りを引き裂かれた空海が、新たに出発するために必要な宣言であった。

第3章　忠孝の行く末

ここまで『聾瞽指帰』の内容を読み解き、空海がこの書を著した意図について考察してきた。本章ではそれらを踏まえることで見えてくる空海の新たな姿を捉え、さらに『聾瞽指帰』が書物としてその後、どんな運命をたどったのかを振り返りたい。そして最後に、空海が見出した本当の忠と孝が現代に何を示唆し得るのか本書なりの答えを提示してしめくくりたい。

1 『聾瞽指帰』のその後

空海は『聾瞽指帰』を第一に親族である佐伯氏とそれに連なる大伴氏に向けて著した。空海は自分の役割は大学で美麗な文章の書き方を学び、帰化系の新興氏族と同列に官僚として桓武天皇に仕えることではない。そうではなくて、僧侶として不滅の真理を説く仏に仕え、その功徳を忠と孝にめぐらせることであると宣言した。それは、佐伯氏・大伴氏の天皇に対する忠が、かつてそうであった形のまま継承することは、もはやできないことを告げる惜別の宣言であった。

通説で言われるように、『聾瞽指帰』は親族に対する出家宣言書である。だが、それだけでなく空海は諷諫（ふうかん）という形式で桓武天皇への諫言を込めた。はたして桓武天皇が『聾瞽指帰』を眼にすることはあったのだろうか。読者の期待に反することになるが、桓武天皇はこの書を眼にすることはなかっただろう。

この書は、プロローグで見た通り、天皇を龍として暗示する不吉な冒頭から始まり、本文全般にわたって、中国古典の典拠を踏まえることで、桓武天皇とその取り巻きを痛烈に批判している。こういった空海の意図は中国の文学・故事をよく理解していた当時の知識人には読み取れたであろう。母方の叔父である阿刀大足のように学に通じた親族は、これを外部に公開し、桓武天皇やその周辺の眼にとまることがあれば、極めて危険であると考えただろう。

空海は序文で「傷がまだなおっていない」（悪瘡未だ潰れざる）時にこの書を著したと述べている。同書の執筆は藤原種継暗殺事件からほどない、佐伯氏・大伴氏にとって「傷がまだなおっていない」ときになされた。親族たちは立場上、桓武天皇を刺激するのを少しでも避けたいと願っていた。空海が桓武天皇に同書を進呈するという意図はまず親族によって押しとどめられただろう。その結果、『聾瞽指帰』は、空海が出家した後の修行時代や中国留学の時期をふくむ十年以上にわたって、佐伯氏の書庫に収められていたか阿刀大足が預かる形になったのであろう。

金剛峯寺が所蔵する国宝『聾瞽指帰』は現在まで次のように伝えられてきたと推測される。記録には残らないが、嵯峨天皇は中国から帰国した空海と交流する中で若き日の書である『聾瞽指帰』を所望し、空海から譲られたと考えられる。それが分かるのは、この国宝『聾瞽指帰』に第三者によって付された跋文である。そこには、日本の南北朝時代の禅僧である夢窓疎石が『聾瞽指帰』を大覚寺から譲り受けたことが記されている。そのことより『聾瞽指帰』は記録上、最も古くは大覚寺に所蔵されていたことが分かる。大覚寺は嵯峨天皇の離宮を寺にしたものであり、嵯峨天皇の遺品として『聾瞽指帰』を所蔵していたと考えられる。空海は若き日に書き上げた『聾瞽指帰』を嵯峨天皇に進呈する機会をきっかけにして、『三教指帰』として改訂したのだろう。その後、いくつかの経緯を経て、現在は金剛峯寺の所有となり、高野山霊宝館に収蔵されている。

『聾瞽指帰』完成の後、はたして桓武天皇はどうなったのだろうか。桓武天皇は同書が執筆される前の七九〇年から七九一年にかけて、后・藤原乙牟漏や母・高野新笠の死、また長子である安殿親王の病気に相次いで見舞われた。それをきっかけに、種継暗殺事件で抗議の憤死をとげた早良親王に対して鎮魂を行うようになった。とはいえ、それでも遊猟や饗宴を盛んに行っていたことは本書でもしばしば述べてきた。桓武天皇が態度を大きく変化させるのは、亡くなる直前に病にかかってからといえる。このとき、空海は中国に渡った後だった。桓武天皇は八〇五年正月に僧侶を呼び、狩りのために飼っていた犬や鷹を放たせたり、早良天皇のために寺を建立したりした。さらにそれまでの僧侶への厳しい取り締まりをゆるめ、全国の寺の塔を修理させた。八〇六年三月には種継暗殺事件に関わった大伴家持らの位階を元に戻させた。このように稀代の専制君主は生前の贖罪を矢継ぎ早に済ませ、その直後に崩御した。桓武天皇は最晩年に病になり、死の恐怖を現実のものとして感じるまでは現世を謳歌し続けたのである。

つまり空海が著した『聾瞽指帰』は桓武天皇に対しては何ら影響を与えなかった。一方の空海も大学生の一人にすぎない自分が書き上げた作品を、天皇が直接眼にする可能性は低いことを客観的には理解していたであろう。そう理解しつつも、天皇が読むことを期待して高価な紙に書きあげた。そこで「憤懣」の「思いのたけの膿をつぶし」、「籠の中に閉じ込められた」（序文）思いから解放されようとした。佐伯氏としての天皇への〈忠〉の誇りと、忠を世々にわたって果たすべきという〈孝〉とのせめぎ合いのなかで、進退窮まった空海は心の思いを文章にして吐露し、気持ちの区切りをつけようとした。そして一官僚としての忠誠や栄達を放棄し、中国に留学するまでの七年間、僧侶として仏教の真理を求めて修行に励むことになる。空海はその後、中国への留学を経て、密教を自己なりの方法で形作ってゆく。

空海は四十歳を過ぎて『聾瞽指帰』を再び手にし、『三教指帰』として改訂した。その際に修正された内容は2章でも示したが、とりわけ重要なのは新たに書き下ろされた序文と最後の詩、そして次の本文中の言葉である。『聾瞽指帰』では佐伯氏の家風を表す「清波（清けき波）」という語を用いたのに対し、『三教指帰』では「雅訓（典雅な家訓）」という一般的な用語に変更している。『三教指帰』を執筆するころには、空海は仏教界での地歩を順調に築いていき、嵯峨天皇とも文物を通じた交流を行うようになっていた（『性霊集』巻三、巻四）。空海はもはや若き日のように氏族意識を前面に打ち出す必要を感じなくなっていた。さらに空海は桓武天皇や臣下たちの現世の快楽主義への批判を強く込めた本文の箇所を改訂している。このような傾向は十韻の詩の書き下ろしにも見られる。

また『聾瞽指帰』では佞臣たちを強烈な批判を込めて鳥や魚に譬え、死後の報いを「鳥や魚をとらえる網（繊羅・黏黴）」と示唆していたのに対し（第2章）、『三教指帰』（序文）では鳥や魚たちは、すべて「教えの網」にかかって救われるという仏教の慈悲の表現に変えられている。『三教指帰』で改訂した内容や、書き下ろした箇所を見ると、二十年の間に空海の意識が変わったことが伝わってくる。ひるがえって若き日の『聾瞽指帰』を見ると最古より忠を尽くして天皇に仕えてきた氏族の誇りに基いて、現世主義の桓武天皇とその取り巻きへの諷刺を行っていたことが明らかになる。

『聾瞽指帰』は誰に読まれたのか

『聾瞽指帰』は桓武天皇には進呈されず、御覧を賜ることもなかったが、父方の佐伯氏・大伴氏、また阿刀大足といった親族の他にも、ごく親しい友人・知人に閲覧されたと私は考えている。その一人として、ここでは空海と同い年で、桓武天皇に仕えた藤原緒嗣を取り上げてみたい。空海と藤原緒嗣の交流を記録する資料は残されていないが、当時の立場からすれば互いに認識しあう関係にあったのは明らかである。桓武天皇の多額の出費をいとわない放縦な政策は、最晩年に臣下によって反省されることになった。当時は「新京」（『日本後紀』）の一つに過ぎなかった平安京が永く続くことになったのは、強権的な専制君主に正面から諫言をする、緒嗣のような臣下が現れたからといえる。

藤原緒嗣は藤原百川（藤原式家）の子で、藤原種継のいとこにあたる。平城天皇・嵯峨天皇の母となる桓武天皇の皇后・藤原乙牟漏ともいとこであった。緒嗣の妹である旅子はやはり桓武天皇の夫人となり、後の淳和天皇を生んでいる。藤原百川は謀略によって天智系の光仁天皇を擁立したとされる（「藤原百川伝」）。しかしその子である緒嗣は百川とは異なり、融通が利かないところもあるが廉直な人物であったとされる（『続日本後紀』八四三年）。緒嗣が主導して編纂した『日本後紀』は六国史のなかでも批判精神があることで評価される。その批判の矛先は同族である藤原氏の人物にも例外なく向けられた。藤原氏といえば謀略によって政敵を陥れるイメージが一般にあるが、緒嗣のように廉直な人物を生み出したことも繁栄の一因であった。

桓武天皇の最晩年である八〇五年十二月に、新京造営（造作）と蝦夷征討（軍事）の二大事業を継続するかいなかをめぐって「徳政相論」と呼ばれる議論が交わされた。この徳政相論で対決したのは菅野真道と藤原緒嗣である。当時三十二歳の緒嗣は「天下が苦しんでいるのは蝦夷征討と新京造営のせいです。これらをやめることによって万民は安らかにくらせるようになります」と訴えた。桓武天皇畢生の大事業に正面から異を唱える緒嗣の姿は直諫の臣そのものである。桓武天皇の最側近として長年支えてきた菅野真道（当時六十五歳）は、緒嗣の見解を認めようとしなかった。『聾瞽指帰』を著した当時の空海にとって、桓武天皇を絶賛する菅野真道は、宮中を牛耳る佞臣の筆頭であった。最終的に桓武天皇は緒嗣の意見をよしとして、二大事業を中止することを決定した。その場にいた人はみな感嘆したという（『日本後紀』八〇五年）。もっとも空海はこのとき中国留学の最中であり、藤原緒嗣の徳政相論での活躍をまぢかで見聞することはなかった。だが、同い年の二人に共通する気概を見ることができるだろう。

具体的な蝦夷政策の任でも、藤原緒嗣はこの姿勢を貫いた。当時、蝦夷征討にあたった将軍のなかでは、桓武天皇のときの坂上田村麻呂、嵯峨天皇のときの文屋綿麻呂が著名である。緒嗣はこの二人の間の時期に陸奥按察使に任命されていた（『日本後紀』八〇八年）。緒嗣は兵を動かさず、二人のように華々しい戦果を挙げなかった。このことはかえって緒嗣が蝦夷政策における殺戮に反対する一貫した見識を守った証といえよう。

そして緒嗣は桓武天皇が亡くなってからも、嵯峨天皇に「国は民を根本としています」と述べて蝦夷征討による民衆の疲弊を是正するように進言している（『日本後紀』八一〇年）。この発言は『礼記』や『晏子春秋』に見られる民と道についての問答を典拠としている。これらの典拠は『日本書紀』に見られる仁徳天皇の表現（「君主は多くの人々（百姓）を根本としている」）にも影響を与えており、当時の日本でもよく知られるものであった。このように、藤原緒嗣と空海の『聾瞽指帰』には日本・中国双方の典拠を用い国のあるべき姿を訴える共通点が見られる。それは、外交政策でも同じである。

当時日本は中国東北部にあった渤海（ぼっかい）と国交があった。渤海は日本に対して臣下の礼をとり朝貢していたが、したたかに利益を求めてもいた。当時の外交では、臣下として朝貢すると、それに対する朝廷からの返礼はより多くなる仕組みであった。それに渤海は密貿易も行っていた。一方で、朝廷は体面を重視して多くの費用を使い、渤海の使節を接待しようとした。それに対し、藤原緒嗣は「渤海との貿易は私的な貿易を目的にしており、しばらく留め、人民の疲弊を減らすよう」進言した。その際に『日本書紀』の仁徳天皇の記事と『礼記』曲礼篇を引用している（『日本後紀』八二六年）。これは『聾瞽指帰』が典拠を引用する方法と共通する。

第2章で指摘したように、空海は道教を説く虚亡隠士の台詞を、漢の武帝に直諫した臣下汲黯（きゅうあん）の言葉を踏まえて描いている。漢の武帝は北方の異民族・匈奴（きょうど）への遠征を行った。匈奴の王が降伏すると、武帝は王を丁重に迎えるべく大量の馬を民間から徴発しようとした。武帝も異民族に対していい顔をしたかったのである。しかし民衆は財産となる馬を隠してしまい馬がそろわなくなった。そこで武帝は怒って責任者である長官を斬らせようとした。その武帝に向かって、汲黯は「長官に罪はありません。斬るなら私をお斬りなさい。皇帝は民衆を疲弊させてまで異民族にいい顔をしようとするのですか」と述べると武帝は押し黙ってしまったという（『史記』汲黯伝）。

藤原緒嗣が外交で外面をよくするために民衆を疲弊させるなと述べる姿は、汲黯の姿勢と共通している。当時の知識人の多くは過去の故事をもとに自らの姿勢を律していた。緒嗣は諫言を行うことを自己の行為の模範とした。有力な政治家であっても、諫言を行うことで天皇の恣意（しい）によって命が左右されたり、左遷させられたりする恐れがあった。緒嗣が仕えた嵯峨天皇は臣下の小野篁（たかむら）の諷刺に激怒し、隠岐の島（現・島根県）に流罪にしている。このことを考えると、直諫をしばしば行った緒嗣はやはり卓越した見識と忠を備えていたといえる。都がいくたびも遷（うつ）るなかで、平安京がその後永きにわたって継続することができたのは、緒嗣のような真の忠を尽くす臣下が、民衆の疲弊を考慮して直言し、それによって朝廷が現実的な路線を取ってきたからだと私は考える。

確かに藤原緒嗣と空海との間に直接な関係があったことを明確に示す史料はない。だが、彼らは若い頃から大学で顔を合わせ語り合っていただろう。飛躍しすぎかもしれないが、藤原緒嗣が「徳政相論」で桓武天皇に諫言を行ったのは『聾瞽指帰』より影響を受けたためではないか、と思いを馳せたい。『聾瞽指帰』は公開されることなく、多くの人に読まれることはなかった。だが、それを深く読んだ人に、臣下としてのあるべき立場を振り返らせ、桓武天皇の放縦な政策を軌道修正させるよう働きかけたと私は考えたい。

2　密教との出会い

密教の受け皿となった氏族伝承

本書では空海と密教の関係については十分に触れることができなかった。そこで、ここでは空海が密教を受容する受け皿となった氏族伝承の役割に目を向けてみたい。密教はインドで仏教が展開していく最後期に現れた。密教の特徴は手の指の組み方で仏の覚りの境地を象徴する印契（いんげい）（身密（しんみつ））、声で唱える真言（口密）、また仏と自分が一体となることを観想すること（意密）である。これらをあわせて〈三密〉という。主要な密教経典として『大日経』があり、その後に『金剛頂経』が現れた。中国には唐代になってこれらの密教経典がインドから伝えられた。この二つの経典はともに大日如来が中心的な存在として描かれるため、空海の中国留学での師である恵果は「両部」として対となる経典と位置付けた。

密教は多くの仏、菩薩、神々を描き出す曼荼羅を用いる。インドの儀礼を取り入れた密教の儀式では、この曼荼羅の前で護摩を焚いて仏と感応（仏と人が通じ合うこと）する。その際に用いられる金属でできた法具は当時の技術としてはきわめて精緻なものであった。密教儀礼は曼荼羅の前でこの精緻な金属法具を操り、難解な真言を唱えることで、宇宙全体と交感することを演出する荘厳な儀式であった。古代の人たちにとって、密教の法具と密教僧は世界全体に働きかける力を持つ圧倒的な存在として受け止められたことを想像する必要がある。そのインパクトは、私たちが現代のスーパーコンピューターに対して抱く驚異よりも、はるかに大きかっただろう。

空海が密教と出会ったエピソードとして次のような話が有名である。空海は久米寺（奈良県橿原市）の東塔で密教の経典『大日経』に出会い、その意味を求めて中国に留学することを決意したという（『御遺告』）。この説が記録されるのは空海の没後およそ百数十年たってからで、現代では歴史的事実としては信用されていない。しかし氏族伝承を踏まえて見直してみると、この説には興味深い点があるため、やや脱線するが紹介しておこう。久米寺の起源は諸説あるものの、大伴氏の配下である来目氏の氏寺（氏族が建立・維持する寺院）であったとされる。来目氏は大伴氏の祖・道臣命に従って皇族にはむかう最後の敵を撃破し、神武天皇を大和入りさせた。神武天皇即位後の功績に対する褒美として、大伴氏の次に「来目邑」（現在の久米寺近辺か）を与えられている。神武天皇を祀る橿原神宮は、神武天皇の宮の跡とされる場所に明治時代になってから創建され、久米寺と隣接している。このそばにはかつて藤原緒嗣らが計画し、八二二年に完成した灌漑用の貯水池、益田池があった。この完成を祝福して空海がしたためた「益田池碑銘」（本書57頁、図1－8）は、益田池の鬼門にあたる北東に「来眼精舎」（久米寺）があると述べている。また、同じ文章で大和の国を「八咫烏が初めて導いた国」と表現するように、空海はこの碑銘で氏族伝承を強く意識している。久米寺の塔は現存しないが、塔心礎から推察する限りでは、空海以前の白鳳時代から相当な規模の塔が建っていたことが知られる。久米寺は、祖である大伴氏を通じて空海にとっても身近な寺であった可能性は高い。その東塔が空海密教の原点となったという。

『大日経』は空海の誕生に先立つこと四十年ほど前に日本で書写されている。その注釈書である『大日経疏』も空海以前に日本に将来されていた。長安での一年という短い滞在期間に空海は『大日経』と『金剛頂経』を恵果より習得する。これは空海が入唐前に『大日経』について十分な予備知識を持っていなくては不可能であったろう。

さらに氏族伝承は密教において重要な役割を果たす真言とも関わりがある。『日本書紀』には神武天皇が即位した正月朔日の記事に続けて、大伴氏の祖である道臣命のことを述べる。

> 辛酉の年の春正月の庚辰の朔日に、天皇は橿原宮で帝位につかれた。この年を天皇の元年とする。……初めて天皇が国の政を創めたもうたその日に、大伴氏の遠祖である道臣命は大来目部をひきいて、密策をうけたまわった。諷歌、倒語をもって妖気をなぎ払った。倒語が用いられるのはこれを起源とする。（井上光貞監訳『日本書紀（上）』中公文庫、二〇二〇年、二三〇頁）

現代の歴史学者である井上光貞らによると、諷歌とは「他のことに擬えてさとすために表立たずついてうたう歌」で、倒語は「相手にわからせず、味方にだけ通じるように定めて使う言葉」であるとする。言葉が二義的な意を持つという言語観にたち、表層と深層の意義を自在に操ることは両氏族の役割であった。現在でも歌詩に二重の意味を含ませることはよくある。大伴家持が『万葉集』で大伴氏・佐伯氏を「言の司」と称しているのは、軍事氏族として戦闘の際には暗号を用い敵を欺き、歌うことで兵卒を鼓舞し、さらに主君を諌めるという彼らの氏族伝承を念頭においているといえる。

言葉に二重の意味があることを氏族伝承として知悉していたからこそ、空海は『聾瞽指帰』で言葉に自在に二重の意味をもたせ、諷諫とすることができた。空海は帰国後に密教を体系づける初期の著作『弁顕密二教論』で、言葉には顕略（表に顕れた顕教）と秘奥（隠された意味を持つ密教）があるという。さらに同書では仏典（『大智度論』）にある「軍隊に密号がある」という譬えに注目して、真理を分かるものと分からないものがいるという自説の論拠としている。密教が自らの氏族伝承と類似する言語観をもつからこそ、空海はそれをすみやかに受容することができたのだろう。空海の思想は、仏教の長い歴史の中でも「言葉」に極めて重要な意義を認める点で独自である。そもそも仏教の公式的な教義は、「言葉が真理を表す」ことに対して懐疑的である。それを強く批判して、空海は「言葉が真理と対応する」ことを主張し、〈真言〉という思想を構築した。これは当時の仏教で広く認められていた説に真っ向から反対する、独自の説であった（藤井淳［二〇〇八］）。空海が真言を重視するのは、インド以来の密教の単なる受け売りではなく、「言の司（ことつかさ）」として言語を重視する大伴氏・佐伯氏の氏族伝承からの影響であろう。さらに言うと、その伝承を踏まえて密教を体系化しなおした可能性さえある。

曼荼羅と八咫烏（やたがらす）――中心としての銅烏幢（どううばん）

つぎに密教に特徴的な曼荼羅について見てみよう。空海は、『大日経』に基づく胎蔵（たいぞう）曼荼羅と『金剛頂経』に基づく金剛界（こんごうかい）曼荼羅をあわせて両部曼荼羅とする。ここでは『大日経』に基づく胎蔵曼荼羅の中心部にある中台八葉院（ちゅうだいはちよういん）に焦点を当てる。中台八葉院の中央には大日如来が配され、その東西南北に四つの仏、その間に四つの菩薩が八葉の蓮華の上に置かれる（図3－1）。中国から帰国した空海は、この八葉院の構造に、当時の日本仏教が抱えていた問題の解決策を見出そうとしたのではないかと私は考えている。当時の日本では法相（ほっそう）宗・三論宗・華厳（けごん）宗などが激しい論争を繰り広げていた（藤井淳［二〇〇八］）。天台宗の開祖・最澄も法相宗と激しく論争していた。胎蔵曼荼羅の中台八葉院には、各宗が尊崇（そんすう）する弥勒菩薩・文殊（もんじゅ）菩薩・普賢（ふげん）菩薩などが大日如来の周囲に配置されている（図3－2）。

この構図は、密教を表す大日如来によって顕教の各宗が統合されることを意味するとも読める。これは日本仏教の論争を超克しようとする空海にとって、ピタリとする構想であった。各宗派はそれぞれ自己の優位を主張していたが、空海にとってそういった議論は蝸牛角上の（小さな者同士の）争いにすぎなかった（『聾瞽指帰』では儒教と道教の争いは、ちっぽけな虫同士の争いに譬えられる。巻下・一六六頁）。大日如来を中心とする密教がすべての宗派を統合するという空海の雄大な構想は、後年の大著『秘密曼荼羅十住心論』に結実する。これについては紙数を要するため、ここでは省くことにする。

　このような曼荼羅の構想を受け入れる下地となったのも、大伴氏・佐伯氏ら古代氏族にとって自明な伝承であったと考えられる。空海の時代において天皇と臣下の関係を確認する上で最も重要な行事は、即位式と正月元旦の朝賀の儀式である。これらの儀式では、七本の宝幢（旗）が臨時に立てられた。七本の宝幢とは、日と月（日像幢・月像幢）と四神（青龍・白虎・朱雀・玄武）を表す六本の幢と、

図３－１　中台八葉院（伝真言院曼荼羅　胎蔵界の中央部分）
（復元模写　林功ほか、1983年、高福院所蔵）

宝幢如来
普賢菩薩
開敷華王如来
文殊菩薩
無量寿如来
観自在菩薩
天鼓雷音如来
弥勒菩薩
大日如来

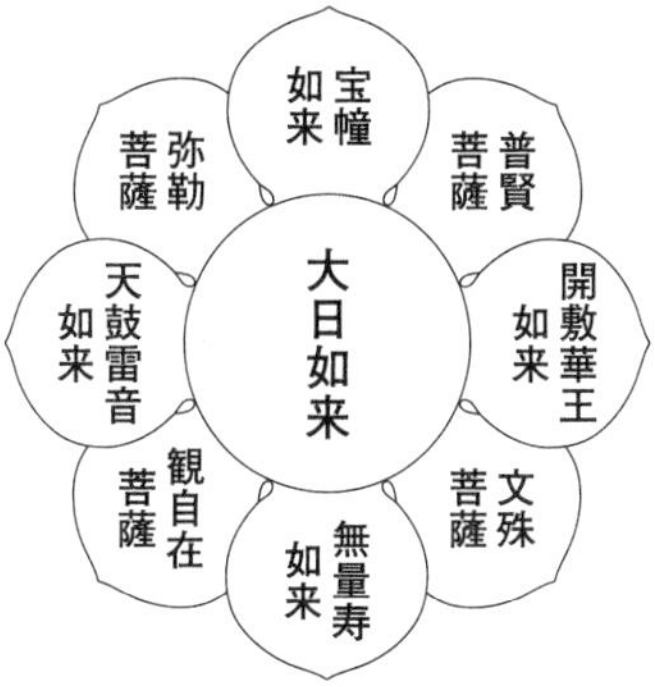

図３－２　中台八葉院の模式図

宗	尊崇する菩薩の名称
法相宗	弥勒菩薩
天台宗	観音菩薩（観自在菩薩）
三論宗	文殊菩薩
華厳宗	普賢菩薩

宗と菩薩の対応

それらの中心に位置する八咫烏をかたどった銅烏幢である（図3－3、3－4）。本書でたびたび紹介した通り、八咫烏は大伴氏らを導き、神武天皇を大和に導き入れた。この七本の宝幢は、壬申の乱の勝者である天武天皇と大伴氏の影響が色濃く残る、七〇一年の元旦に藤原京で初めて掲げられた。そ

図３－３　長岡宮の大極殿・朝堂院に立つ七本の宝幢と中央の銅烏幢
（模型、向日市文化資料館所蔵、著者撮影）

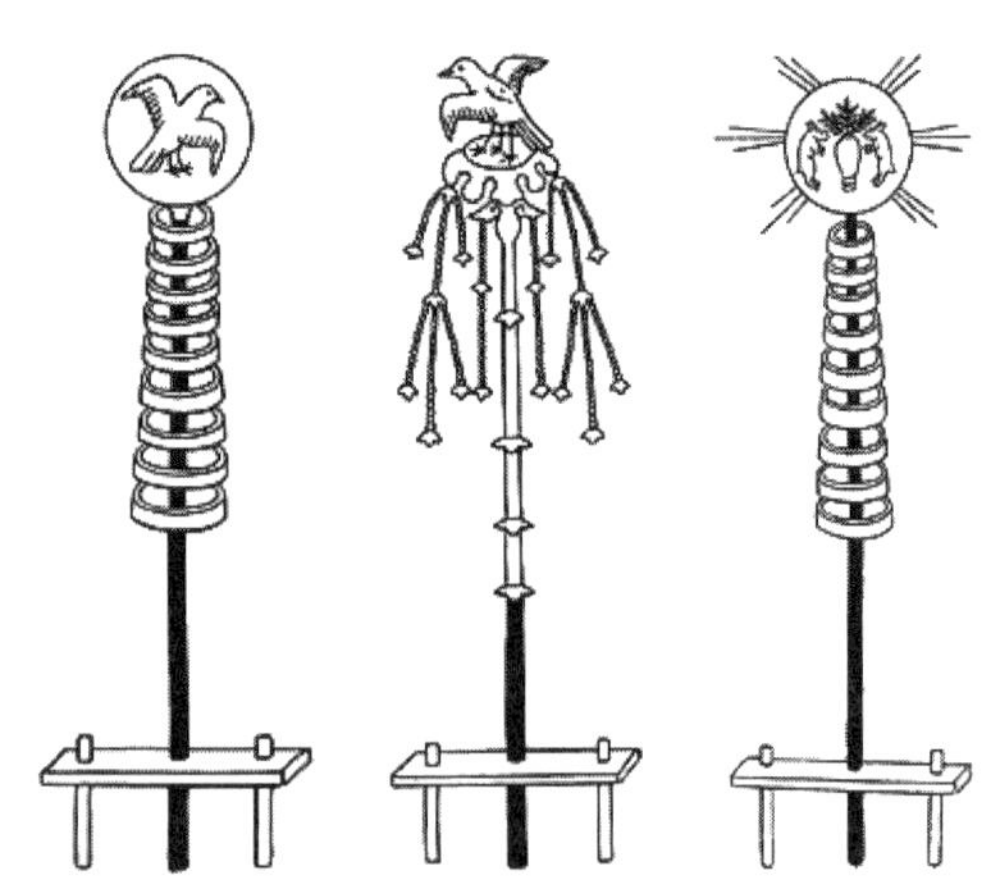

図３－４　文安御即位調度図。左から日像幢、銅烏幢、月像幢
（コトバンク『精選版　日本国語大辞典』）

の四年後の九月九日、天武天皇の忌日に、八咫烏を祀る「八咫烏社」が藤原京のちょうど東方に設置された（本書50頁、図1－6）。壬申の乱で大伴氏は天智天皇の子・大友皇子に反旗を翻し、大海人皇子に一族の命運を賭けた。大海人皇子は天武天皇として即位すると大和の飛鳥に都を戻し、祖先の神武天皇が東征して、大和に入ったことを成文化する『日本書紀』の編纂に着手させた。八咫烏をかたどる銅烏幢は、近くは大和に都を戻した天武天皇、そして遠くは神武天皇を思い起こさせる存在であった。このような歴史を背景として、銅烏幢を中心に配する七本の幢幡が、即位式と正月朝賀の儀式で立てられる。これらの儀式で南門を開くという天皇への忠を象徴する役割を担ったのが大伴・佐伯氏であった。

この七本の宝幢は、古代の都である藤原京・恭仁京・平城京・長岡京でその遺構が発見されている。桓武天皇が造営した長岡京の時代は新しい天皇の即位がないため、正月朝賀の儀礼で幢幡が立てられていたことが分かる。正月朝賀では大伴・佐伯両氏の代表が天皇のまします大極殿から真南に位置する門に天皇と相対するように座る。両氏はそれぞれ一門から三名を配下として率い、配下に開門させることで儀式が始まる。正月朝賀の儀式は神武天皇即位と神武天皇を支えた両氏との関係を毎年想起する場でもあった。桓武天皇は祖父である天智天皇の遺志に背いた天武天皇と大伴氏の影響から逃れるように、大和から長岡京へと遷都していた。とはいえ、天皇と臣下の関係を象徴的に示す、七本の宝幢の儀式を否定するまではできなかった。天皇にとっても臣下にとっても、銅烏幢は毎年正月一日の視線の中心に来るものであった。

桓武天皇は藤原種継暗殺事件に際して大伴氏・佐伯氏を大量に処断した後であっても、元旦朝賀の儀礼で両氏族と文字通り正面に向きあわなければならない。銅烏幢は空海にとって神武天皇を祖先とともに大和に導いた誇りの象徴であった。桓武天皇にとって銅烏幢は、神武天皇や天武天皇と大伴氏との強い関わりをいやおうにも思い起こさせた。大極殿の高御座（たかみくら）に坐する桓武天皇と南門に佐伯氏の一門として控える若き空海が、この銅烏幢をはさんで、全く違った思いで視線を交差させる瞬間があったと想像することは許されるだろう。その光景が『聾瞽指帰』に反映されている可能性は後に見る。

空海にとって氏族伝承としての七本の宝幢と曼荼羅はつながりがあったともいえる。それを確認するために、古代神話と空海の関係について述べたい。古代神話には天皇の皇祖神・アマテラス（天照大神）が現れる。アマテラスは太陽をかたどった神であり、『日本書紀』『古事記』に登場する。『日本書紀』では「天照大日孁尊（おおひるめのみこと）」とも称される。このアマテラスと大日如来は中世以降に真言宗系の僧侶によって同一視されるようになったと一般に言われている。しかしこの構想は空海その人にさかのぼるのではないか。アマテラスを始まりとする古代神話は古代氏族の中心に天皇家を据えている。この構図は、空海が曼荼羅を受容する背景になったと考えらえる。つまり空海が太陽である大日如来を中心にする曼荼羅を初めて見たとき、銅烏幢を中心に配する七本の宝幢が思い浮かんだ。七本の宝幢は後に横一列にならぶことになるが、最初に藤原京で立てられたときには、銅烏幢を中心にして、その周囲に残りの六本が立体的に並べられていたことが分かっている。中心に金色に輝く銅烏幢が位置する構図やその由来を聞き伝えていた空海にとって、大日如来を中心に置く曼荼羅の構造を理解するのは容易であっただろう。七つの点を中央とその周囲に配する富本銭も七本の宝幢と関係があるとされ、曼荼羅の構造に類似する。そのように考えると、アマテラスと大日如来を同一視する萌芽は、中世より前に空海の着想にすでにあったとも言える。

空海は『日本書紀』に強い関心をもって読んでいたことは本書で繰り返し述べてきたが、空海と同書には不思議な縁がある。前近代において紙は貴重であったため、表側の利用が終わった後に、その裏側に他の本が書写されることがよくあった。現在の感覚では、表側に書かれた内容の方が価値がありそうなものであるが、裏側が再利用されることで現代に伝わった史料も多い。『日本書紀』の現存する最古の写本（平安初期）の裏側（紙背）には、空海の詩文集『性霊集』が平安後期に書写されている（図3－5）。経緯は不明だが裏側に『性霊集』が書き写されたことで、表側のほうの『日本書紀』は現在まで伝えられることになった。強烈な氏族意識が込められた空海の著作とその記述に大きな影響を与えた『日本書紀』は、書物としての伝来においても〝表裏〟の関係にあるとなぞらえられる。

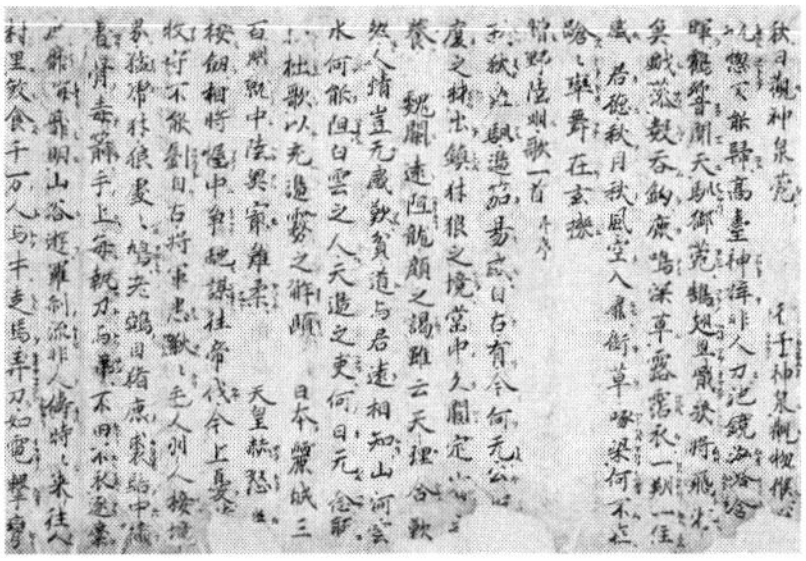

図3－5　最古の『日本書紀』写本の紙背に記された『性霊集』巻一（「秋日観神泉苑」「贈野陸州歌」）

3　完成の日――天皇即位の伝承

氏族に伝承された古代天皇の即位日

プロローグで記した通り、空海は『聾瞽指帰』を著した日付を「聖帝瑞暦延暦十六年窮月始日」としている。空海は完成の日を漫然とこの日に置いたのではないだろう。「窮月」は十二月、「始日」は朔日（月の第一日）を意味するから、「窮月始日」は旧暦十二月一日である。月の満ち欠けを基準にする旧暦は、新月の日を朔日とするので、旧暦十二月一日を西暦に換算すると、七九七年十二月二十五日にあたる（国立天文台・日本の暦日データベース）。ちなみに「窮月始日」は、冬至直後の新月にあたる。

ここで個人的なエピソードを挟ませていただきたい。私は浄土真宗の僧侶であり、宗祖は親鸞である。浄土真宗には昔から正月よりも大事な日がある。それは鎌倉時代に亡くなった親鸞の忌日、十一月二十八日（旧暦の記録）である。この日を最終日として報恩講という一連の法要が行われる。浄土真宗はいくつかの派に分かれている。私は西暦の十一月二十八日を報恩講の日として理解するが、十一月二十八日を旧暦に換算して西暦の一月中旬ごろに報恩講を行う派もある。一月〝中旬ごろ〟といったのは、月の動きを基本にする旧暦は太陽の動きを基本にする西暦と月日が異なるので、西暦の月日に換算すると毎年移動し、同じ月日に定まらないからである。旧暦と西暦の違いを知りつつも、私にとって毎年十一月二十八日は年中で最も重要な日である。

強固な氏族意識の中で生きた空海にとって一年で最も大事な日はいつであろうか。それは大伴氏・佐伯氏にとって最も大事な日であったろう。さきほど神武天皇が橿原で即位した日が正月朔日であることを示す『日本書紀』の記事を見た。まさにその同日、大伴氏の祖・道臣命が大来目部を率い、密策を受けたまわり、諷歌・倒語が用いられたことが記される。これが、大伴氏の氏族伝承の起源である。天皇の即位と密接に関連する①大嘗祭と②即位式、そして即位式を模した③正月元旦朝賀の三つの儀式ではいずれも大伴氏・佐伯氏が南門を開閉する（66頁、図1－11）。これはこの両氏族が古来天皇の警護にあたってきたことを象徴する。これらの儀式が行われる日は天皇のみならず、大伴氏・佐伯氏にとって最重要の、〝晴れ〟の日であった。そしてそれら三つの儀式の起源にあたるのが『日本書紀』などに記される神武天皇の即位と天岩戸（あまのいわと）伝説である。

空海が『聾瞽指帰』を完成させたのは旧暦十二月朔日で、神武天皇の即位日は旧暦正月朔日である。両者はひと月異なっている。この差にもかかわらず同書の完成日を神武天皇即位日と考える根拠は、旧暦以前に存在したと考えられる日本古代暦である。やや大胆な推論に感じられるかもしれないが、この推論は神武天皇の即位よりも古い天岩戸伝説とも関わるので、古代日本の暦について解説していこう。

古代の日本では旧暦が大陸から導入される以前にも、何らかの暦が用いられていたと想定されている。ここではそれを便宜上、「日本古代暦」と仮の名で呼ぶことにする。祭祀と政治が「マツリゴト」として一体であった古代においては、暦に基づく祭祀を政治の最高支配者が主宰（しゅさい）することに意義があった。古代の日本では冬至からその次の新月までを「一連の新しい年」とする日本古代暦に基づいて、最高権力者（大王（おおきみ）・天皇）が祭祀を行っていたと私は考える。

旧暦は冬至の後に二回目に訪れる新月の日を正月とする。これは漢の武帝によって定められたが、この暦のシステムは世界的に見ると人為的であり、西暦やここで想定する日本古代暦の方が素朴な感覚に基づいたものである（本居宣長（もとおりのりなが）『真暦不審考弁（しんれきふしんこうべん）』）。

日本に限らず、世界的に古代において暦の基本にしたのは太陽と月である。太陽は春夏秋冬を約三百六十五日でめぐる。太陽に基づいた暦は農耕に適した時期を知るために用いられた。また月は約三十日で満ち欠けを繰り返す。その月の満ち欠けによって、大潮・小潮の時期を知ることができるため、漁猟にとって重要な情報であった。そして月の満ち欠けが一回りする約三十日という単位は、太陽の運行が一回りする約三百六十五日を十二か月に分けて数えるために便利である。そのため両者は暦の基準として古代世界で共通して用いられた。ただ太陽と月をあわせて一年を考えると、複数年のスパンでは両者の間にずれが出る。これを修正するために挿入されるのが、古代中国やギリシャで発明された閏月である。この閏月の採用にはある程度進んだ数学の知識が必要となる。古代日本のように閏月についての複雑な知識がなくても、太陽を基準にして、特定の時点で新年にリセットすれば、単純な暦として使用できる。新年の基準として最も重要なのが冬至である。

　古代の暦で冬至の日を新しい年の基準とすることは世界的に共通している。冬至とは、太陽が正午に南中したときの影が最も長くなり、太陽が出ている時間が最も短くなる日のことである。冬至までは日照時間が短くなり続け、衰退や死をイメージさせるが、冬至を過ぎると日照時間が長くなっていくので、新たな生命を感じさせる。そのため冬至は古代世界で新しい年の基準となった。西暦では、冬至（十二月二十一日か二十二日）の約十日後が新年にあたる。これはローマ時代に広く信仰された太陽神・ミトラを崇拝するミトラ教が冬至を新年としたことが起源とされる。中国でも冬至は「一陽来復」といわれ、陰が極まって陽が再生する時期とされた。古代中国では正月をいつにするか、三、四の考え方があったが、いずれも冬至を基準とする点では変わらない。日本でも、新嘗祭（天皇の代替わりに行われる新嘗祭が大嘗祭）は当初、冬至に行われていたとされている。

　古代日本には五世紀ごろ、大陸から先進文化として閏月の考え方を含んだ旧暦が伝えられ、次第に深く浸透していった。『日本書紀』が編纂される七世紀末は旧暦の影響を外して考えることはできなくなっていた。そのため、『日本書紀』は全面的に旧暦によって記述された。『日本書紀』では明らかに旧暦が伝わる以前に生きた古代の大王（以下天皇と記す）についても、その即位日や没月日をすべて旧暦で記している。

しかし旧暦が日本に導入される以前は日本古代暦に基づいて天皇家の祭祀が行われていたはずである。むしろそう想定しない方が困難である。空海が『聾瞽指帰』完成させた十二月一日はこのような古代日本暦に基づく、旧暦以前の天皇即位日であった。この仮説によって、天岩戸伝説と古代天皇の即位日とを整合的に理解できる。素朴な暦の存在を想定した場合、冬至に大嘗祭が行われ、冬至の次の新月の日（旧暦十二月一日）に古代天皇の即位が行われたと考えるほうが自然なのである。

古代神話と天皇の即位式

『古語拾遺』（八〇七年成立）と『日本書紀』に並行して見られる記述を整理すると、大嘗祭と即位式の関係が見えてくる。『古語拾遺』は天岩戸伝説や神武天皇即位にも登場する祭祀氏族、忌部（いんべ）氏に伝わる伝承について記したもので、『日本書紀』には見られない古い記録も含まれる。

天皇家の皇祖神のアマテラスに関わる有名な伝説に、『古語拾遺』と『日本書紀』がともに記すのが天岩戸伝説である。古代神話はただ天文現象を象徴的に記した物語ではなく、天皇家の祭祀と密接に関わっていることは言うまでもない。伝説によると、アマテラスが洞窟に隠れて世の中が暗くなったという。アマテラスが隠れたきっかけは新嘗（新穀（しんこく）を神に捧げる儀式）である。古代日本では、新嘗祭は天皇の年中行事の中でも最重要の祭祀である。天武天皇の後を継いだ持統天皇以降、天皇の代替わりに即位と大嘗祭がセットで行われたことが記録に残る。この時点では即位が先で大嘗祭が後になっているが、古い時代には大嘗祭の次に即位式の順でとり行われていた（倉林正次［一九八六］）。

伝説では新嘗の日にアマテラスの弟であるスサノオが乱暴狼藉を働いたので、アマテラスは洞窟に隠れ、岩でその入り口をふさいでしまう。太陽を象徴するアマテラスが隠れてしまったため、人々は困り、祭祀氏族であった中臣氏と忌部氏の祖先が鏡などを用いて祈った。するとアマテラスが洞窟から再び現れる。アマテラスが一旦隠れ、再び現れることからこの神話は、日食と関連づけられている（荻生徂徠『南留別志』）。この天岩戸伝説で忘れてならないのは、日食は必ず新月に起こることである。太陽と月の位置が一致し、月に太陽が隠されるのが日食である。そしてそれは新月の状態にあるときである。旧暦で記された日食についての記事は基本的にすべて朔日である（二日となる例外はあるが朔日に起こるはずという考えは変わらない）。天岩戸伝説では、新嘗の儀礼を行う冬至とその次の日食（新月でもある）が一連のものとして扱われている。これは新嘗祭が（日食が起こりうる）新月の日の前に行われたということであろう。

さらに『古語拾遺』は、天皇家の祖・神武天皇の即位にあたって忌部氏の祖が鏡を奉ったと記している。あわせて大伴氏の祖・日臣命が宮門を警護し、開け閉めをつかさどったことをも記している（『日本書紀』にはこれらの記述はない）。『古語拾遺』の神武天皇即位の記事は歴史的事実ではなくても、古い段階での天皇即位式のあり方を神武天皇までさかのぼらせたといえる。『古語拾遺』で忌部氏が鏡を奉る記事は天岩戸伝説と神武天皇即位は並行関係にあるものとして描かれている。

日本に大陸から旧暦が導入される以前には、太陽の再生を象徴する新しい年の祭祀は、冬至からその次の新月に至る一連の時期に行われていた。前者が大嘗祭、後者が即位式である。冬至から二つ目の新月を正月新年とする旧暦が中国から伝わると、両者が行われる時期は分かれていくことになる。ここまで見てきた通り、神話は両者がかつては時期を接する一連の行事であったことを伝える。大嘗祭・即位式いずれの儀礼でも大伴氏・佐伯氏が南門の開閉に当たることからも、それは明らかである。

七本の宝幢が意味するもの

ここで再び正月朝賀と即位式に臨時に立てられる七本の宝幢の意義について述べておく。七本の宝幢の中央に銅烏幢があるのは太陽と月の運行を重ね合わせたものであろう。従来、烏は中国で太陽を象徴するから、銅烏幢は太陽を象徴するといわれてきた。しかし、これでは銅烏幢とは別に太陽を表す日像幢が存在することの説明がつかない。銅烏幢は日像幢と月像幢の中央に位置し、日と月が重なる構図になっている。日食とは日と月が重なって起きる天文現象である。つまり銅烏幢は日食を象徴する。日食が烏、ここではカラスを象徴するのは、古代ペルシャやエジプトで日食の現象が翼をもつ「有翼日輪（ゆうよくにちりん）」として描かれていることを思い起こさせる。皆既日食では鳥が翼をひろげたような光環が見えることがあるという（斎藤尚生［一九八二］）。銅烏幢を含む七本の宝幢が正月朝賀の日に立てられるのは、即位式を模倣した正月朝賀が新月の朔日――太陽と月が重なる日食が起こりうる唯一の日――に行われるからである。以上のように古来の天皇家における最も重要な祭祀の時期を、冬至（大嘗祭）からその次にくる新月の日（即位式）までの一連の時期とすることで、天岩戸伝説と七本の宝幢のつながりを統一的に説明できる。

それではなぜ空海が古来の天皇即位日を『聾瞽指帰』完成の日としたのだろうか。『聾瞽指帰』の内容に戻ってみよう。空海の自画像である仮名乞児は弥勒の即位に向かう途中で登場する（第2章参照）。

> 釈尊が世を去られるとき、ねんごろに釈尊の後継者である弥勒菩薩、また古くからの有徳者である文殊菩薩らに遺言して、仏の印璽を弥勒菩薩に与え、生きとし生けるものたちをいつくしむように教えられた。かくて仏の王国の大臣たち、文殊菩薩・迦葉菩薩らは、立派な檄文を諸国にくばり、後継者弥勒の即位を人々に知らせた。
>
> 日本国に住むこの私は、その檄文の趣旨を諒承し、弥勒の即位を祝おうとして、馬にまぐさを与え、車にあぶらをさし、旅支度をととのえて出発した。
>
> （巻下・一七一頁）

これは釈迦が亡くなった後、五十六億七千年後に、弥勒菩薩がこの世に現れて釈迦の次に悟りを得て仏になるという有名な話を踏まえる。この後、仮名乞児は無常の賦、生死海の賦をうたいあげる。生死海の賦の最後で、慈悲の檄文が世界中にあまねく分かち与えられた後、生きとし生けるものたちが馳せ集まる。そこでは仏を守護する神々や仏の弟子たちが臣下として整然とならんで仏の即位を祝う。空海はこの神々や弟子たちが居並ぶ姿をこれでもかというほどに華麗にうたいあげる。これは明らかに空海が目にしたであろう、正月朝賀の日に桓武天皇の前で文武百官が整然と並ぶ様子を意識したものと言ってよい。そこで居並ぶ臣下たちをはさんで正面に向きあうのが天皇と大伴・佐伯氏であった。続いて本来は皇帝・天皇を讃える表現を総動員して、仏を讃え挙げ、仏の即位を寿ぐ（第2章）。生死海の賦がうたい上げられた後、亀毛先生らは仮名乞児に完全に心服する。

空海は『聾瞽指帰』で自己にとって真にあるべき忠孝を描き出そうとした。それは世俗の権力者・天皇ではなく、仏に仕える宣言であった。だから、仮名乞児が釈尊の後継者である弥勒の即位の場に向かっているという設定にして、最後には仏の即位を讃え挙げた。このことを踏まえると『聾瞽指帰』の完成日が、日本古代暦に基づく古代天皇の即位日と関連すると推定することは許されるだろう。先に述べたように冬至の後に訪れる新月の日、旧暦十二月一日は天岩戸伝説や神武天皇の即位の描かれ方から考えると、古代天皇の即位日であった可能性が極めて高い。私たちが旧暦と西暦がずれることを知っているように、空海の時代でも旧暦とそれ以前の日本古代暦の違いを理解していた。空海は天皇家の祭祀が古来いつ行われたかを記す伝承を、最古より天皇に忠を尽くしてきた佐伯氏として知っていただろう。空海は氏族に伝わる、古代天皇の即位日の伝承を『聾瞽指帰』の完成日に込め、自らの新たな出発の日としたのである。

そしてこれは、桓武天皇とその取り巻きが暦や祭祀について伝承を軽視し、中国文化を模倣する姿勢を諷刺する意図もあったのだろう。桓武天皇は国家事業において暦を重視していた。そもそも桓武天皇の治世を象徴する「延暦」の元号は、漢の武帝が元号を制定したことにならったものであった。さらに長岡京に遷都した七八四年は〈朔日冬至〉が訪れる年であった。〈朔日冬至〉とは十九年に一度、十一月一日が冬至の日に来ることを指し、中国で極めてめでたいしるしとされた。朔日冬至を最初に祝ったのは漢の武帝である。桓武天皇は、明らかに朔日冬至にあたる年に合わせて、大和から長岡京へと遷都を行っている。さらにその直後の七八五年と七八七年の冬至には、〈天〉を祀る中国風の〈郊祀〉の儀式を行った。中国で世俗の権力者に神秘的な霊威を与える存在である〈天〉を祀ることによって天皇の権威を強めようとした。今まで述べてきたように、冬至には古来、天皇家の最重要な祭祀として新嘗祭（大嘗祭）が行われてきた。それにもかかわらず、天皇として同じく冬至の時期に中国風の〈郊祀〉を導入することは、明らかに日本古来の祭祀を軽視するように空海には映ったであろう。

　このように桓武天皇が日本古来の伝承よりも中国文化や儀礼を重視したのは、ただの趣味によるものではなかった。桓武天皇の主たる支持基盤は、母親の出身でもある帰化系氏族であった。帰化系氏族は日本古来の伝承よりも、自分たちの出自につらなる中国の制度を重視した。桓武天皇が中国風の〈郊祀〉や〈朔日冬至〉を行ったのは、彼ら帰化系氏族の意を受けたものでもあった。彼らには古代氏族が共有してきた神話に基づく祭祀では権威を強めることができず、中国に由来する〈天〉の霊威を借りる必要があった。古代神話の権威が凋落しつつあることは桓武天皇にも感じられていた。そのような桓武天皇の姿勢に対して古代氏族につらなる空海は憤懣の思いをもって、氏族に伝えられた古い伝承に基づく天皇即位日を『聾瞽指帰』の完成日としたといえよう。

　以上述べてきたことは仮説を積み重ねたものであることは承知している。しかし、大嘗祭や即位式において大伴・佐伯氏が果たした天皇家への忠とその誇りのもとに生きた若き日の空海の意識は、『聾瞽指帰』を手がかりにしてあらためて考察されるべきである。

4 忠孝の行く末

『聾瞽指帰』は天皇への忠と大伴・佐伯氏への孝を主題とした。孝として最も重視されるのは子孫を残すことである。空海自身は僧侶となり、子孫を残すことはなかった。それでは空海が意図した真の忠孝はどういう形で展開していったのかを考えてみたい。

古代に繁栄した名門・大伴氏は奈良時代に幾多の政争に敗れ続けた。平安初期に大納言という高位に昇りつめた伴善男が応天門の変（八六六年）で失脚することにより、政治の表舞台から退場する。一方で、桓武天皇が遷都した平安京は、東京に遷都するまで千百年弱にわたって都でありつづけた。そして天皇制は何度も権力交替をくり返しながらも、今にいたるまで存続している。そのような歴史の長い変遷のなかで、桓武天皇や空海が亡くなった後にも、千年以上にわたって、天皇と大伴氏・佐伯氏が絶えることなく関係を続けていったことは、一般にはほとんど知られていないだろう。

二〇一九年の令和の即位でも行われた大嘗祭は、第1章で詳述したように、天皇の皇位継承の際に行われる儀礼である。大嘗祭は、桓武天皇以降、千年以上にわたる天皇家の栄枯盛衰を反映した。天皇家は一四六七年に勃発した応仁の乱をきっかけに窮乏し、江戸幕府の援助を得て復活するまでの二百年以上にわたって大嘗祭を行なえず、断絶した。

とはいえ、それでも天皇の即位に大嘗祭を行うべきという意識は常にあった。大嘗祭が途切れていた期間でさえも、皇位継承が行われる際には、大伴氏・佐伯氏の一門の代表を形式的に叙爵（官位を上げること）していたことが知られる（田島公［一九八八］）。すでに見た通り、江戸時代に描かれた大嘗祭図にも両氏が門の外に控えている様子が描かれている（66頁、図1－11）。両氏族が江戸末期まで大嘗祭における役割を果たし続けていたことは驚嘆にあたいする。しかしその伝統が断絶する危機を感じさせたのが、種継暗殺事件における両氏族の大量処断であった。さらに桓武天皇は蝦夷征討に積極的ではない大伴氏を始めとする将軍たちに激怒している。桓武天皇のこの両氏族への苛烈な扱いが肌でひしひしと感じられる時期に空海は『聾瞽指帰』を著した。当時の空海は、両氏族がその後も長きにわたり大嘗祭で役割を果たしつづけることを知るよしはなかった。むしろ、栄誉ある役割が断絶の危機にあることを実感して、より永遠なるものを求めていく。

桓武天皇が創始した平安京は確かに千年以上にわたって都でありつづけた。しかし桓武天皇が意図したような壮大な構想は千年も続かなかった。天皇のための壮麗な居住空間である内裏はいくどもの焼失により、規模を縮小し、場所も宮城十二門に囲まれた区域（大内裏）の外に移動していった。天皇に仕える官僚たちが勤務する官庁群は鎌倉時代までにほとんどが焼失し、その後再建されることなく荒廃した。天皇と官僚によって国を統治しようとした律令制度も崩壊していく。桓武天皇が夢見た壮麗な宮殿や支配体系はことごとく朽ちていく。

桓武天皇や空海の時代に存在した大内裏周辺の施設のなかで室町時代まで残り続けたのは、象徴的な儀式を行う四つの施設だけであった（久水俊和［二〇二〇］）。神祇官・太政官庁・真言院・神泉苑である。いわば、桓武天皇が平安京造営で計画した壮大な宮城は次第にそぎ落とされていき、これら骨のみが残った。このうち桓武天皇の死後にできた施設が真言院である。真言院は大極殿の北西、内裏の西側に置かれた（図3－6）。空海は最晩年の八三四年十二月、後七日御修法（ごしちにちみしほ）を行うために真言院の設置を仁明天皇に願い出て、許可された。後七日御修法とは正月八日から十四日まで密教により天皇の玉体の護持を祈禱する修法である。この後七日御修法は当初、大極殿で行われていた『金光明経』を中心とする法会（御斎会（みさいえ））に対して、付属的な価値しか与えられていなかったが、御斎会が室町時代に廃絶した後も、一時的な中断を経て明治時代まで存続した。

最後に元旦朝賀の儀礼で天皇が坐する大極殿と大伴氏・佐伯氏の位置関係を改めて確認しておこう。

図3－6　平安京大内裏における宮中十二門と宮中真言院

桓武天皇が長岡京から平安京に遷都する際には、大伴氏・佐伯氏が開門の役を担った南門の位置は、会昌門（かいしょうもん）として大極殿から明らかに遠ざけられている。また平安京では古代の宮城十二門の大伴門・佐伯門という名称は応天門・藻壁門（そうへきもん）として形を変えて残っていくが、氏族としての警護の役割は失われた。それに対して、空海が最晩年に設置した真言院は大極殿の北、つまり天皇の生活空間である内裏に近いところに位置している。大伴・佐伯氏は軍事氏族として天皇のために門を警護する職掌を失ったが、その代わりに空海は密教儀礼によって天皇の護持を図る役割を果たしたともいえるだろう。

これまで何度か紹介した神泉苑は、中国趣味に満ちた、長寿のモチーフが多く用いられた饗宴のための施設として桓武天皇が造営させた。桓武天皇の没後、嵯峨天皇らも神泉苑に盛んに巡行し、漢詩を詠んだ。このように、平安時代初期には貴族趣味の優雅な遊宴が繰り広げられていた。日照りが続いた年に空海が神泉苑で祈雨（きう）をしたという伝説は有名である（『今昔（こんじゃく）物語』）が、歴史資料や空海自身の詩文からは確かめられない。おそらく真言宗の僧侶が神泉苑で祈雨をするのが慣例であることを、遡及（そきゅう）して定めた伝承と考えられる。いずれにしても定かであるのは、時の移り変わりとともに神泉苑はかつての天皇の遊宴施設としては機能せず、真言宗の僧侶が祈雨をする施設となっていったことである。

真言院・神泉苑は桓武天皇のあずかり知らない形で、空海の意図に沿って変容されていった。それらは桓武天皇が思い描いた壮麗な宮殿や官庁群よりも永く継続していった。

最後に空海の忠の問題に戻ろう。『聾瞽指帰』で空海は、桓武天皇の治世を無道であるとして諷刺し、天皇を超える権威として仏を位置付けてみせた。天皇の上に仏を据（す）える。これは、不敬不忠ではないだろうか。空海は『聾瞽指帰』で自分は僧侶となり、善行を廻向して、国家に差し向けたいとも宣言している。空海は氏族への孝の意識をもって仏に仕え、天皇を仏教によって護持することで忠を果たす意図があった。空海は『聾瞽指帰』を著し、出家した後の修行時代を経て、中国に留学し、密教を請来することになる。結果として、空海がもたらした密教は、その後長きにわたって国を守護し、天皇に霊威を与えることになる。霊威とは世俗の権力を越えた神秘的な力である。前近代には洋の東西を問わず、世俗の権力者は権威の正統性を保証するために軍事力や政治的権力だけではなく、世俗を超えた霊威を必要とした。それを象徴するのが霊威を伝える儀礼である。ヨーロッパでも王の即位にあたって、十九世紀まで塗油式がとり行われていた。聖なる油を注がれることで王と認められていたのである。つまり前近代には世俗の権力に正統性を与える世俗を超えた存在が不可欠であった。日本では仏教、なかでも密教がその役割を果たすことになった。空海は桓武天皇の皇子である淳和天皇に、灌頂というインドに由来する密教の儀礼を行ったという。その後、灌頂の儀式はさまざまな経緯を経て、摂関家による即位灌頂という儀礼となり、天皇の即位時に行われるようになった。即位灌頂は天皇の正統性を保証する儀式となり、大嘗祭が断絶していた時期も行われ、明治を迎えるまで継続した。

古代において天皇家と連合体を形成していた有力氏族は、物部氏、蘇我氏と次々に力を失っていった。祭祀氏族の忌部氏は中臣氏に押されて没落していった。最後に残った有力な軍事氏族である大伴氏と佐伯氏も、幾多の政争に敗れ続け、かつての栄光を失っていった。

『日本書紀』などに描かれる古代神話とは、天皇家と有力氏族が共有する神話であった。有力な古代氏族が没落していくとともに古代神話も次第にその神秘的な効力を失っていく。さらに大陸から陸続ともたらされる先進文化の前に、もはや古代神話に語られるような霊威だけでは、天皇の正統性を保証することはできなくなっていった。そのような状況に直面して桓武天皇は儒教に基づき、中国から〈天〉の権威を借りようとした。桓武天皇はたぐいまれな強権を発動して権威を確立しようとしたが、それは一過性の、不完全な接ぎ木で終わった。郊祀の儀礼は受け継がれなかったのである。都が平城京から長岡京へ、そして平安京へと矢継ぎ早に移る時代に、天皇に霊威を与える存在が古代神話から仏教、そして密教へと移り変わっていく大きな転換点を空海は見つめていた。結果として、前近代においては空海が伝えた密教の霊威により、天皇の聖性は保たれ続けたといってよい。

そのように考えると、空海は天皇ではなく仏に仕えることによって「国家に冥福をめぐらす」と宣言し、生涯にわたりそれを実現してみせた。その背後にあったのは大伴氏・佐伯氏の天皇への忠であり、それを永続させていこうとする孝であった。空海自身は子孫を残すことはなかったが、その影響は、千年の時を越えて明治時代の初めまで続いたということができる。それは日本が近代国家を目指す課程で大きな断絶が生じることになるとはいえ、空海がきわめて長期的な視点で時代を見据えていたということはできよう。

おわりに

『聾瞽指帰』は桓武天皇への命がけの諫言であった。空海と桓武天皇は、それぞれの立場から大きく移り変わっていく時代の中に生きた。空海は古来受け継いできた誇りが崩れゆくのを目の前にして、不滅の真理を説く仏に仕える決意をした。結果として空海は海外の最先端文化として受け入れた密教を氏族伝承に基づいて組み立てなおした。その結果、空海に始まる密教儀礼は天皇の霊威を保証するものとして千年を越えて受け継がれた。一方の桓武天皇は、新しい天皇の儀礼として先進文化である中国の権威を借りて日本に移植しようと試みた。その試みはほどなくしてついえ、壮麗な宮殿も次第に朽ち去ったが、神武天皇以来の地である大和を離れて、遷都を強行して造営した〝新しき京(みやこ)〟平安京は千年以上残り続けた。両者が直接まみえることはなかったにしても、その強烈な二つの個性は、その後、千年以上も続く新たな伝統を創造していった。

空海が必死の思いで著した『聾瞽指帰』を今読み解く意義はどこにあるだろうか。私たちは天皇が強大な権威をもたず、天皇に対する不敬も問われない時代にある。それでは日本には諫言やフィクションを通じて訴える問題がなくなったのだろうか。私はそうは思わない。

今の日本でも、直接目に見える形ではなくとも、強者による弱者への暴力や搾取(さくしゅ)はかつてより巧妙な形でなされているのではないか。そしてそのような状況を強者におもねって見て見ぬふりをしているのではないだろうか。また自分の属する組織を本当によくしたいと思うのであれば、侃々諤々(かんかんがくがく)と議論をすることが必要ではないか。かつて栄光を誇った氏族の衰え行く命運を目の前にしつつ、新しい生命を獲得しようとした空海の思いを読み継いでいくことは、現代の日本に求められていると私は思う。

主要参考文献

空海の生涯・思想・『三教指帰』現代語訳

高木訷元『空海――生涯とその周辺』吉川弘文館、一九九七（歴史文化セレクション、二〇〇九として再刊）
福永光司責任編集『最澄・空海』（日本の名著3）中央公論社、一九七七（空海の部分のみを『三教指帰ほか』中公クラシックス、二〇〇三として再刊）
藤井淳『空海の思想的展開の研究』トランスビュー、二〇〇八
渡辺照宏・宮坂宥勝『沙門空海』筑摩書房、一九六七（ちくま学芸文庫、一九九三として再刊）

プロローグ

遠藤慶太『六国史――日本書紀に始まる古代の「正史」』（中公新書）中央公論新社、二〇一六
南昌宏「空海《秋日観神泉苑》が秘める諫言」『密教学研究』五一、二〇一九

第1章　桓武天皇

阿部龍一「平安初期天皇の政権交替と灌頂儀礼」『奈良・南都仏教の伝統と革新』サムエル・C・モース、根元誠二編、勉誠出版、二〇一〇
清水潔「続日本紀と年中行事」『皇學館大学史料編纂所論集――創立十周年』皇學館大学出版部、一九八九
西本昌弘『早良親王』（人物叢書）吉川弘文館、二〇一九
林陸朗「桓武天皇と遊猟」『栃木史学』創刊号、一九八七
堀裕「平安初期の天皇権威と国忌」『史林』八七（六）、二〇〇四
村尾次郎『桓武天皇』（人物叢書）吉川弘文館、一九六三

吉川幸次郎『漢の武帝』（岩波新書）岩波書店、一九八六

大伴氏・佐伯氏・蝦夷征討

喜田貞吉「手長と足長　土蜘蛛研究」『先住民と差別　喜田貞吉歴史民俗学傑作選』河出書房新社、二〇〇八（初出は『民族と歴史』第一巻第四号、一九一九）
石岡久夫「武門家大伴氏と射芸」『國學院雜誌』六七（九）、一九六六
櫛田良洪「一　佐伯氏を巡る問題」『続真言密教成立過程の研究』山喜房仏書林、一九七九
佐伯有清「宮城十二門號と古代天皇近侍氏族」『新撰姓氏録の研究』研究篇、吉川弘文館、一九六三
笹川尚紀「『日本書紀』の編纂と大伴氏の伝承」『日本書紀成立史攷』、塙書房、二〇一六
鈴木拓也『蝦夷と東北戦争』（戦争の日本史3）吉川弘文館、二〇〇八
武内孝善「第一部第二章　空海の出自」『弘法大師空海の研究』吉川弘文館、二〇〇六
田中卓「壬申の乱と大伴氏」『田中卓著作集』五、国書刊行会、一九八五（初出は『歴史教育』二（五）、一九五四）
角田文衛『佐伯今毛人』（人物叢書）吉川弘文館、一九六三
横田健一「朱雀門、応天門と大伴氏」『続日本紀研究』九（九）、一九六二
横田健一「萬葉時代の地方社会と文化」『萬葉集大成　特殊研究篇』澤瀉久孝ほか編、平凡社、一九五五

儒教・道教・仏教の状況

大谷歩「古代日本庭園と神仙世界――〈イメージ〉と〈見立て〉による文学表現」『万葉古代学研究年報』一八、二〇二〇
瀧川政次郎「私教類聚の構成と其の思想」『日本法制史研究』、有斐閣、一九四一
東野治之「美努岡万墓誌の述作―『古文孝経』と『論語』の利用をめぐって」『日本古代木簡の研究』塙書房、一九八三（初出は『万葉』九九、一九七八）
南昌宏「学制に見る空海入唐前の学問」『高野山大学密教文化研究所紀要』別冊一、一九九九
久木幸男『日本古代学校の研究』、玉川大学出版部、一九九〇

目加田誠「解説　詩経」『中国古典文学大系15』平凡社、一九六九
桃裕行『上代学制の研究』修訂版（桃裕行著作集第一巻）、思文閣出版、一九九四（初版は目黒書店、一九四七、畝傍史學叢書）
尤海燕「対策文における儒教的な宇宙観――桓武天皇の治世との関わりから」『アジア遊学』一九七、二〇一六

第2章

福山敏男「那富山墓の隼人石」『美術史』八二、一九七一
八重樫直比古「『続日本紀』神護景雲三年十月乙未朔条の宣命における『金光明最勝王経』の引用」『続日本紀研究』二三七、一九八五
吉川幸次郎「司馬相如」『吉川幸次郎全集』第六巻、筑摩書房、一九六八

儒教・亀毛先生

井上源吾「殷の紂王説話私考――とくに尚書、墨子を中心として」『人文科学研究報告』六、一九五六
野間文史『孝経――唐玄宗御注の本文訳附孔安国伝』明徳出版社、二〇二〇
吉川幸次郎『論語』上・下（中国古典選・朝日選書）朝日新聞社、一九九六

道教・虚亡隠士

志野好伸編『聖と狂――聖人・真人・狂者』（キーワードで読む中国古典3）法政大学出版局、二〇一六
福永光司『荘子』（中国古典選・朝日選書）上・中・下、朝日新聞社、一九七八
福永光司「王羲之の思想と生活」『道教思想史研究』岩波書店、一九八七
増尾伸一郎「〈雲に飛ぶ薬〉考――日本古代における仙薬と本草書の受容をめぐって」『社会文化史学』二一、一九八五
米田弘仁「『聾瞽指帰』の道教」『密教文化』二〇一、一九九八
魯迅（竹内好編訳）「魏晋の気風および文章と薬および酒の関係」『魯迅評論集』（岩波文庫）岩波書店、一九八一

和田萃「薬猟と〈本草集註〉——日本古代の民間道教の実態」『日本古代の儀礼と祭祀・信仰』中巻、塙書房、一九九五（初出は『史林』六一（三）、一九七八）

仏教

謝添基「『檄魔文』などをめぐって」『人文学報』二一三、一九九〇

第3章

石田茂作『佛教考古學論攷　4佛塔編』思文閣出版、一九七七
井上光貞監訳『日本書紀』上・下（中公文庫）中央公論新社、二〇二〇
荻生徂徠『南留別志』『荻生徂徠全集』第五巻、河出書房新社、一九七三
内田和伸「藤原宮朝堂院朝庭における幢幡遺構の配置と設計思想」『ランドスケープ研究』八一（五）、二〇一八
倉林正次「祭りから儀礼への展開——新嘗祭と朝賀の誕生」『儀礼文化』八、一九八六
斎藤尚生『有翼日輪の謎——太陽磁気圏と古代日食』（中公新書）中央公論社、一九八二
田島公「〈氏爵〉の成立——儀式・奉仕・叙位」『史林』七一（一）、一九八八
谷川清隆、相馬充「七世紀の日本天文学」『国立天文台報』十一（三・四）、二〇〇八
谷崎俊之「倭人の暦を探る——数字から読み解く歴史の謎」『数学セミナー』五五（七）、二〇一六
久水俊和『中世天皇家の作法と律令制の残像』八木書店、二〇二〇
本居宣長『真暦不審考弁』『本居宣長全集』第八巻、筑摩書房、一九七二
柳田國男「新しい太陽」『柳田國男全集』第二十巻、筑摩書房、一九九九
山折哲雄「後七日御修法と大嘗祭」『国立歴史民俗博物館研究報告』七、一九八五
吉田修作「〈諷歌倒語〉の論」『古代文学』一九、一九七九

『聾瞽指帰』『三教指帰』に関連する文献

阿部龍一「『聾瞽指帰』の再評価と山林の言説」『奈良平安時代の〈知〉の相関』岩田書院、二〇一五
大柴慎一郎「『三教指帰』真作説」『密教文化』二〇四、二〇〇〇
大柴清圓「再論『三教指帰』真作説」『高野山大学密教文化研究所紀要』二九、二〇一六
大屋徳城「三教指帰制作の背景としての寧楽朝の思想」『密教研究』五一、一九三三
加地伸行「弘法大師と中国思想と『指帰』両序に寄せて」『密教大系』五、一九九四
河内昭円「『三教指帰』偽撰説の提示」『大谷大学研究年報』四五、一九九四
上坂喜一郎「若き空海の批判思想」『密教文化』九一、一九七〇
興膳宏「空海と漢文学」『岩波講座　日本文学と仏教』〈第九巻　古典文学と仏教〉今野達ほか編、岩波書店、一九九五
興膳宏「中国中世の美文読本――「帝徳録」について」『文体論研究』三九、一九九三
小島憲之『上代日本文學と中國文學――出典論を中心とする比較文學的考察』下、塙書房、一九六二
坂田光全「三教指帰に於ける忠孝思想」『密教研究』六八、一九三九
静慈円「弘法大師の三教思想」『密教文化』一五〇、一九八五
品田聖宏「弘法大師の三教観の源流――『聾瞽指帰』成立についての一考察」『大正大学大学院研究論集』五、一九八一
須田哲夫「空海の書――聾瞽指帰」『福島大学教育学部論集』三十（二）、一九七八
武内孝善「高野山の開創をめぐって――弘法大師と丹生津比売命」『日本宗教への視角』岡田重精編、東方出版、一九九四
谷口洋「後漢における〈設論〉の変質と解体」『中国文学報』四九、一九九四
内藤湖南「弘法大師の文藝」『内藤湖南全集』第九巻、筑摩書房、一九六九（初版『増訂日本文化史研究』弘文堂、一九三〇）
伴信友『比古婆衣』『伴信友全集』第四、国書刊行会、一九〇七
村田みお「姚䛒『三教不斉論』執筆の経緯と三教論争における位置づけ――あわせて空海『三教指帰』序文への影響をも論じる」『最澄・空海将来『三教不斉論』の研究』藤井淳編、国書刊行会、二〇一六
吉岡義豊「三教指帰の成立について」『印度学仏教学研究』十五、一九六〇
米田弘仁「『聾瞽指帰』『三教指帰』研究の現状と諸問題」『密教文化』一九三、一九九六

Abe Ryuichi, *The Weaving of Mantra: Kukai and the Construction of Esoteric Buddhist Discourse*, Columbia University Press, 1999

『聾瞽指帰』『三教指帰』書誌情報

写本・版本・注釈書の解説は日本古典文学大系『三教指帰・性霊集』（岩波書店、一九六五）・『定本弘法大師全集』第七巻（高野山大学密教文化研究所、一九九二）を参照されたい。『弘法大師空海全集』第六巻（筑摩書店、一九八四）、『弘法大師著作全集』第三巻（山喜房仏書林、一九七三）も有用である。

主要なウェブサイト（二〇二二年三月六日最終確認）

Wikisource「詩経」「文選」「万葉集」「遊仙窟」　https://ja.wikisource.org/wiki/

ウェブ地図で緯度・経度を求める（Leaflet 版）
https://user.numazu-ct.ac.jp/~tsato/webmap/sphere/coordinates/advanced.html

菊池眞一研究室「六国史」（荒川慶一氏入力）　http://www.kikuchi2.com/sheet/rikkoku.html

久遠の絆・古典総目　浦木裕氏作成「古事記」「経国集」「藤氏家伝」「常陸国風土記」
https://miko.org/~uraki/kuon/furu/furu_index1.htm

国立天文台・日本の暦日データベース　https://eco.mtk.nao.ac.jp/cgi-bin/koyomi/caldb.cgi

国立国会図書館デジタルコレクション　https://dl.ndl.go.jp/

SAT大正新脩大藏經テキストデータベース　https://21dzk.l.u-tokyo.ac.jp/SAT/

中央研究院漢籍電子文献　http://hanchi.ihp.sinica.edu.tw/ihp/hanji.htm

中国哲学書電子化計画　https://ctext.org/zh

日本古代史史料テキストデータ（鈴木琢郎氏作成）『内裏式』『内裏儀式』
https://kodaishi-text-by-takuro.jimdofree.com/

早稲田大学図書館特別資料室－古典籍総合データベース　https://www.wul.waseda.ac.jp/kotenseki/about.html

あとがき

本書の執筆依頼を受けたのは五年前である。慶應義塾大学出版会の片原良子氏が私の研究室を訪れ、高野山大学名誉教授である高木訷元先生の『空海の座標』（二〇一六年）を介したご縁もあり、「世界を読み解く一冊の本」シリーズの『三教指帰』の執筆を依頼された。私は確かに空海の著作について研究をしていたが『三教指帰』について一般書を書くことは正直なところ尻込みをした。私は仏教学の専門であるが、『三教指帰』を理解するために必須となる中国学の知識に乏しい。その私が何か新しいことを言うことはできないと思ったからである。それでもいつかは取り組んでみたいと思っていた課題でもあり、駆け出しの私の博士論文を評価いただいた高木先生とのご縁を後押しと思ってお引き受けした。その後は牛の歩みのごとく執筆準備を行っていたが、最終的には、当初考えていた構想とは大きく異なっていくこととなった。後半になって『続日本紀』との関わりに注目することで加速度的に新たな発見があり、構想を全面的に改めたからである。副題が当初より変更になったのもそのためである。片原氏には構成を根本から作り直すことを提案いただき、文章の提案から、丁寧な校正にいたるまで辛抱づよく何度もつきあっていただいた。私一人を著者とするのは率直に言って片原氏に対して忸怩たる思いがある。この場をかりて心より感謝申し上げたい。

本書の基礎段階として、二〇一九年度に駒澤大学より在外研究の機会をいただき、またフンボルト財団のご支援により、ドイツ・ハイデルベルク大学に一年間滞在できたことが極めて大きい。この期間に『三教指帰』の基礎的な読解を行うことができた。発見に基づく構想をまとめたのは日本に帰国してからであったが、この基礎読解にかける十分な時間がなければ本書は空海の表面をなぞるだけで終わっていたことだろう。またそこでの人々との出会いから得た着想は多い。機会を与えていただいた駒澤大学の同僚とハイデルベルク大学マイケル・ラディッチ教授、フンボルト財団に感謝を申し上げたい。

そしてドイツより帰国してのちは、コロナ禍のため、自坊のある福井県小浜市において大半を執筆することになった。大学図書館へのアクセスが限られた中で、福井県立図書館若狭図書学習センターには県内の図書を迅速に取り寄せていただいた。また福井県立美術館からは横山大観の「老君出関」の図版を、髙福院様からは空海関係の図版を使わせていただいた。その他の諸機関に対してもコロナ禍でさまざまな文化事業が困難となる中で、継続して公共サービスを提供いただいたことに感謝したい。

二〇二一年度の日本仏教思想史の授業はオンラインが大半であった。そこで私は学生たちに『三教指帰』の福永光司氏による現代語訳を読んで、分かりにくい箇所を質問するという課題を出した。学生たちは中国古典の知識はほとんどないが、福永訳を読んで素直に「ここの箇所は分かりにくい」と指摘した。それらの箇所の多くは空海が二重の意味を込めたところであった。これは福永訳が悪かったのではない。それ以外が明快で分かりやすい訳であるからこそ、かえって空海が二重の意味を込めた箇所が分かりにくいと学生たちが指摘したのである。私も含め、学者というのは分かった気になってしまう。学生たちが素直に分かりにくいと指摘した質問から多くのことに気づかされたことに感謝したい。

本書の中国関係の箇所を近畿大学准教授・村田みお氏に、文章について鈴木幸宏氏に、第3章について山形大学名誉教授・松尾剛次氏にコメントをお願いした。ご多用のところ丁寧に見ていただき、多くの貴重な意見をいただいた。「風狂」に関連する文献について駒澤大学教授・小川隆氏よりご教示いただいた。また資料収集・整理にあたって張欣氏には多大なるご協力をいただいた。その他に折に触れてご教示いただいた方にもこの場を借りて御礼申し上げたい。本書に誤りがあるとすればその責任はすべて私にある。

現在滞在している福井県若狭地方に位置する小浜市は江戸時代に国学者・伴信友を輩出した。伴信友の古代についての実証研究は本書の隅々まで参照することがあった。小浜はかつて日本海における開かれた港として古代より栄えてきた。若狭地方には古い伝承が多くある。それらの知識に裏打ちされ、明晰な分析を行った伴信友を輩出したのは古代以来の背景がある。しかし、明治以降、小浜は衰退の一途をたどっていった。そして今は原発銀座とよばれる地域にある。時代は移り変わり、常なるものはない、というのは釈尊の不滅の教えであるが、素直に受け入れられないのは人間の性であろうか。そのような思いが去来しながら本書を執筆した。空海は古い伝統を踏まえつつ、新たな創造を行った。真に日本の伝統と創造を考えるために『三教指帰』に興味を持つ人が今後一人でも増えることを願って筆を終えたい。

二〇二二年二月十五日　藤井　淳

（本書は科研費基盤（B）20H01185 およびフンボルト財団支援の研究成果の一部である。）

追記

本書の執筆も最終段階になっていた二月二十四日にロシアによるウクライナ侵攻のニュースが飛び込み、世界を震撼させた。恐怖のために子どもを始めとして多くのウクライナ市民が国外に避難を余儀なくされている。何の力になることもできない無力さを感じている。一方でこのようなことはいつでもどこでも起こりうるとも常々忘れずにいた。「暴力による迫害はいつでもどこでも起こりうる。常に備えよ」というのが弾圧をたびたび受けた祖先を持つ私にとっての家訓ともいえる。ウクライナが当初の予測を超えて大国ロシアに頑強に抵抗し、近隣諸国が避難者を受け入れているのも歴史的背景がある。一人でも多くの人が歴史と現実を地に足をつけて学ぶことが、困難な状況に陥っている人々に気持ちを寄せることになる。私は現前の状況を語ることを好まないがあえて追記しておきたい。

二〇二二年三月十一日

神演義、件名：新刻鍾伯敬先生批評封神演義 1）21/130

図 2-3　東京国立博物館所蔵
ColBase（https://colbase.nich.go.jp/）

図 2-4　福井県立美術館所蔵

図 2-5　弘法大師真蹟全集、第 7 帖、コマ番号 8・9

第 3 章

図 3-1　髙福院所蔵

図 3-2　上記をもとに作図

図 3-3　著者撮影、向日市文化資料館

図 3-4　コトバンク（小学館『日本国語大辞典　精選版』）文安御即位調度図

図 3-5　東京国立博物館所蔵
ColBase（https://colbase.nich.go.jp/）

図 3-6　wikipedia「平安京内裏図（平安宮）」をもとに加工

図版出典一覧

プロローグ

図0–1　弘法大師真蹟全集、第6帖、コマ番号6・7、国立国会図書館デジタルコレクション
図0–2　正倉院宝物
図0–3　弘法大師真蹟全集、第7帖、コマ番号24・25、国立国会図書館デジタルコレクション
図0–4　弘法大師真蹟全集、第7帖、コマ番号13・14、国立国会図書館デジタルコレクション
図0–5　コトバンク「東北要図（7〜9世紀）」を基に加工　刀は蕨手刀（伝長野県小県郡長和町大門出土）東京国立博物館をもとに加工
表0–1『続日本紀　一』新日本古典文学大系、501頁をもとに作成

第1章

図1–1　髙福院所蔵
図1–2　東京国立博物館所蔵
ColBase（https://colbase.nich.go.jp/）
図1–3　弘法大師真蹟全集、第6帖、コマ番号10、国立国会図書館デジタルコレクション
図1–4　三才圖會、106巻［7］、コマ番号56、国立国会図書館デジタルコレクション（汚れを一部除去した）
図1–5　慶應義塾ミュージアム・コモンズ（センチュリー赤尾コレクション）
図1–6　長岡京市ホームページ「古代都城位置図」をもとに加工
https://www.city.nagaokakyo.lg.jp/0000000674.html（2022年3月8日最終確認）
図1–7　堀裕［2004］3頁の図をもとに加工
図1–8　益田池碑銘帖、コマ番号6、国立国会図書館デジタルコレクション
図1–9　コトバンク（小学館『日本国語大辞典　精選版』）「大伴氏/略系図」をもとに加工
図1–10　野島博之氏「日本史の基本36（7–3　平城京の造営）」を参考に作成
https://ameblo.jp/nojimagurasan/image-12185373540-13709739217.html（2022年3月8日最終確認）
図1–11　宮内庁書陵部所蔵
図1–12　wikimedia
表1–1　著者作成

第2章

図2–1　福山敏男「那富山墓の隼人石」『美術史』82、1971、50頁より転載
図2–2　国立公文書館デジタルアーカイブ、内閣文庫、紂王無道造炮烙（簿冊標題：新刻鍾伯敬先生批評封

藤井 淳 ふじい じゅん

駒澤大学仏教学部教授。東京大学大学院人文社会系研究科博士課程修了。博士(文学)。主著に『空海の思想的展開の研究』(トランスビュー、2008年)、編著に『最澄・空海将来『三教不斉論』の研究』(国書刊行会、2016年)、『古典解釈の東アジア的展開――宗教文献を中心として』(京都大学人文科学研究所、2017年)がある。プリンストン大学宗教研究所客員研究員、フンボルト・フェロー(ハイデルベルク大学)。

あなたにとって本とは何ですか?

名作は年齢を重ねることで味わいが変わってくる。若い時は月並みな見方だと思って反発を感じたものであった。しかし、もう中年になり、その見方を受け入れられるようになってきた。人生経験が豊かになったというよりは、生活のために社会の現実に触れる機会が多くなることで、若い時の鋭敏な感覚はさび付いていったということだろう。

ただまだ年齢にあらがいたいところもある。というのも、四十半ばでドイツに一年滞在し、ヨーロッパ各地を旅行することができたことで、大学生のときのヨーロッパ旅行では気づかなかった側面を多く知ることができた。

大学卒業後は、研究のために漢文を読むことが多くなり、欧文を読む機会は少なくなった。その間に得意でもなかった欧文の語学もすっかりさびついてしまった。とはいえ、同時にその間にインターネットでの自動翻訳や辞書検索や映像など、私が大学生のときは思いもしなかった便利な機能が使えるようになった。さび付いた語学ではあるけれども、もたつく歩行を助けてくれそうだ。

「外国語を知らないものは、自分の国語についても何も知らない」とはゲーテの格言。月並みだと反発せずに、残りの人生、できるだけ時間を見つけて、海外の名作を読んでみたい。

シリーズウェブサイト　https://www.keio-up.co.jp/sekayomu/
キャラクターデザイン　中尾悠

世界を読み解く一冊の本
空海『三教指帰(さんごうしいき)』
——桓武天皇への必死の諫言(かんげん)

2022年4月25日　初版第1刷発行

著　者————藤井淳
発行者————依田俊之
発行所————慶應義塾大学出版会株式会社
〒108-8346　東京都港区三田2-19-30
TEL〔編集部〕03-3451-0931
〔営業部〕03-3451-3584〈ご注文〉
〔　〃　〕03-3451-6926
FAX〔営業部〕03-3451-3122
振替　00190-8-155497
https://www.keio-up.co.jp/
装　丁————岡部正裕(voids)
印刷・製本——株式会社理想社
カバー印刷——株式会社太平印刷社

©2022 Jun Fujii
Printed in Japan　ISBN 978-4-7664-2561-1

世界を読み解く一冊の本　刊行にあたって

書物は一つの宇宙である。世界は一冊の書物である。事実、人類は世界の真理を収めるような書物を多数生み出し、時代や文化の違いをこえて営々と読み継いできた。本シリーズでは、作品がもつ時空をこえる価値を明らかにするのみならず、作品が一冊の書物として誕生し、読者を獲得しつつ広がっていったプロセスにも光をあてる。書物史、文学研究、思想史、文化史などの第一人者が、古今東西の古典を対象として、その作品世界と社会や人間に向けられた眼差しをわかりやすく解説するとともに、そもそもその書物がいかにして誕生し、読者の手に渡り、時代をこえて読み継がれ、さらに翻訳されて異文化にも受け入れられたのかを書物文化史の視点から考える。書物の魅力を多角的にとらえることで、その書物がいかにして世界を読み解く一冊の本としての位置を文化のなかに与えられるに至ったかを、書物を愛する全ての読者に向かって論じてゆく。

二〇一八年十月

シリーズアドバイザー　松田隆美

せかよむ★キャット

あたまの模様は世界地図。
好奇心にみちあふれたキラめく瞳で
今日も古今東西の本をよみあさる！

慶應義塾大学出版会

シリーズ 世界を読み解く一冊の本（全10巻）

大槻文彦『言海』—辞書と日本の近代

安田敏朗著　国語学者・大槻文彦が、明治期に編纂した日本初の近代的国語辞典『言海』。大槻は『言海』を通して、世界をどのように切り分けようとしたのか。辞書が社会的に果たした役割とともに描き出す。　定価 2,200 円（本体価格 2,000 円）

クルアーン—神の言葉を誰が聞くのか

大川玲子著　極めて難解とされるイスラームの聖典『クルアーン』。ではどう読めばよいのか？　聖典を読む困難と楽しさを、丁寧に解説。信徒のみならず、人類にとっての「聖典」となる可能性を問う。　定価 2,200 円（本体価格 2,000 円）

西遊記—妖怪たちのカーニヴァル

武田雅哉著　映画やマンガにリメイクされつづける『西遊記』は子ども向けの本ではない？　長大な物語のあらすじを追いながら、中国の誇る〈神怪小説〉のなりたちと伝播を、妖怪たちの目線から語りつくす。　定価 2,200 円（本体価格 2,000 円）

チョーサー『カンタベリー物語』—ジャンルをめぐる冒険

松田隆美著　カンタベリー大聖堂への巡礼の途上、職業も身分も異なる巡礼たちが語る多種多様な物語は、豊饒な世界を描き出し、物語文学のジャンルを拡張した。神が細部に宿る物語世界のダイナミズムを丁寧に描く。
定価 2,640 円（本体価格 2,400 円）

百科全書—世界を書き換えた百科事典

井田尚著　革命神話と啓蒙神話に由来する紋切り型のイメージから離れて、ディドロとダランベールが構想した百科事典という原点に立ち戻ってみよう。『百科全書』の書物としての成り立ちをたどり、その広大無辺な知識への道案内をする。
定価 2,640 円（本体価格 2,400 円）

慶應義塾大学出版会

シリーズ 世界を読み解く一冊の本（全10巻）

ボルヘス『伝奇集』―迷宮の夢見る虎

今福龍太著　20世紀文学の傑作、ボルヘス『伝奇集』の巧智あふれる世界に向き合い、虎、無限、円環、迷宮、永遠、夢といったテーマをめぐって探究する。ボルヘス流の仮構やたくらみを創造的に模倣しつつ語られた、まったく新しい画期的なボルヘス論。
定価 2,200 円（本体価格 2,000 円）

旧約聖書―〈戦い〉の書物

長谷川修一著　旧約聖書の書物としての成立をたどり、著者たちが「文字」のもつ信頼性を武器に、自らのアイデンティティを懸けて繰り広げた思想史上の〈戦い〉を考古学・聖書学の知見に基づき鮮やかに読み解く、刺激的な一冊。
定価 2,640 円（本体価格 2,400 円）

エーコ『薔薇の名前』―迷宮をめぐる〈はてしない物語〉

図師宣忠著　『薔薇の名前』の緻密な物語は、ディテールを押さえてこそ楽しめる！エーコの想像力の源泉にして「舞台装置」である中世ヨーロッパを、背景知識から丁寧に解説。知の巨人が綿密に作り上げた「中世」の世界を読み解いてみよう。
定価 2,640 円（本体価格 2,400 円）

オーウェル『一九八四年』―ディストピアを生き抜くために

川端康雄著　「ポスト真実」の時代を先取りしたディストピアに、希望はあるのか？執筆背景やオーウェルがこの作品に託した思い、世界情勢を映し出す鏡としての『一九八四年』の世界を描き切る！
定価 2,420 円（本体価格 2,200 円）

空海『三教指帰（さんごうしいき）』―桓武天皇への必死の諫言（かんげん）

藤井淳 著　官僚を目指し大学で学んでいた空海が、出家を決意して著した『三教指帰』。激しく移り変わる時代背景と神話・伝承、歴史書と照らし合わせ、この書が希代の専制君主・桓武天皇への命を懸けた忠言であったことを明らかにする、画期的な一冊！
定価 2,640 円（本体価格 2,400 円）